SABIDURÍA DE
MUJERES
EN LA
BIBLIA

JOHN C.
MAXWELL

NEW YORK BOSTON NASHVILLE

FaithWords
Hachette Book Group
237 Park Avenue
New York, NY 10017
www.faithwords.com

Impreso en los Estados Unidos de América

RRD-C

Primera edición: Abril 2015
10 9 8 7 6 5 4 3 2 1

FaithWords es una división de Hachette Book Group, Inc.
El nombre y el logotipo de FaithWords es una
marca registrada de Hachette Book Group, Inc.

International Standard Book Number: 978-1-4555-8842-8

CONTENIDO

Agradecimientos   ix

Prefacio   xiii

RUT   1
Siga su corazón para encontrar su esperanza

SARA   19
No complique la promesa de Dios tratando
de solucionar el problema usted mismo

RAHAB   33
La historia de Dios está llena de sorpresas

ANA   51
Dios bendice las promesas que usted le cumple

ABIGAÍL   69
Una sola acción sabia puede cambiar su destino

MIRIAM   87
No permita que la comparación le robe la alegría

MARÍA   105
No pierda su momento con Dios

MARTA   123
Cuándo Jesús está en la casa, bríndele toda su atención

LA MUJER SAMARITANA   139
Dios siempre se desviará de su camino por usted

Conclusiones   153

Notas   157

AGRADECIMIENTOS

Me gustaría agradecer a:

Charlie Wetzel, mi escritor;

Audrey Moralez, quien aportó sus ideas y su perspectiva femenina;

Stephanie Wetzel, quien revisó y editó el manuscrito; y

Linda Eggers, mi asistente ejecutiva.

SABIDURÍA
DE MUJERES
EN LA BIBLIA

PREFACIO

En el año 2010, tuve la oportunidad de hablar en la conferencia de mujeres *Love Life* de Joyce Meyer. Joyce y yo somos buenos amigos y he estado muchas veces en su programa de televisión. Ese día, escogí hablar sobre cómo vivir una vida plena y sobre la importancia de una buena actitud. Cuando subí al escenario a hablar, le dije a la audiencia que durante diez años me había dirigido a un público masculino en las actividades de *Promise Keepers*, pero que estaba encantado de que Dios finalmente me diera la oportunidad de hablarle a una audiencia de gran influencia. Todo el mundo enloqueció y pasamos un rato maravilloso ese día.

Cuando terminé mi intervención, no pude evitar pensar en mi madre Laura, a quien había perdido el año anterior. Nadie había ejercido una mayor influencia en mi vida. Mamá me enseñó lo que era el verdadero amor, y fue un modelo de Dios para mí cada día. No importaba si mi problema era una rodilla herida, mi ego lastimado o un corazón roto: ella siempre estaba allí para darme un abrazo, secar mis lágrimas y escucharme. Ella me enseñó lo que es el amor y el respeto. No puedo expresar con palabras lo que aprendí de su sabiduría y de su amor incondicional. La extraño todos los días. Pero me consuelo al pensar que vivió una buena vida durante ochenta y ocho años, y que ahora se encuentra junto a quien más ama: Jesús.

El agradecimiento que le tengo a mi madre me hizo pensar en todas las mujeres influyentes que me han llevado a ser quien soy, que me han enseñado lecciones espirituales, que modelaron liderazgo, y que hicieron mi vida más significativa. Todo empezó con la abuela Minton, que intercedió por mí cuando yo era muy joven. Yo era un niño muy malgeniado, así que de verdad necesitaba que otros intercedieran por mí ante Dios. Creo que fue ella la que, casi sin ayuda, me llevó al Reino con sus oraciones.

Luego vino la Señorita Tacey, mi maestra de cuarto grado. Yo merecía un lugar permanente en el guardarropa por la manera en que me comportaba en clases, pero en lugar de eso ella me dio un lugar permanente en su corazón. Siempre me escribía notas alentadoras. Hasta el día de hoy, me escribe. Cada vez que publico un libro nuevo me envía una nota para decirme cuanto le gusta. Recientemente me envió una que decía: "No tenía idea de que terminarías así". La verdad, yo tampoco.

Mi cuñada Anita también ha sido una gran influencia. Ella, mi hermano Larry, mi esposa Margaret y yo, hemos viajado juntos por todo el mundo. Anita siempre ha sido un rayo de sol para mi alma. Su hermoso espíritu brilla sobre cada persona que conoce e ilumina cada situación en la que se encuentra.

Yo pasé mucho tiempo con mi hermana menor, Trish, a la que llamaban Patty cuando éramos niños. A ella le encantaba pasarla con mi hermano y conmigo. Aunque usted no lo crea, cuando tuve necesidad de comprar mi primer automóvil luego de graduarme en la universidad, fue ella la que me prestó el dinero para la cuota inicial. Trish y su esposo Steve tienen dos hijas hermosas. Cuando Rachel era joven yo la llamaba "ángel" por la expresión angelical que siempre tenía. A Jennifer la llamaba "bomboncito", lo cual le encantaba.

Por supuesto, está Margaret, el amor de mi vida. Me enamoré de ella en un campamento cuando estaba en secundaria. En el instante en que la vi, supe que ella era la indicada para mí. Incluyendo los años de noviazgo, ¡hemos estado juntos durante más de cincuenta años! Su amor por Dios y la familia ha sido una gran bendición para nosotros. Sus años de fiel ministerio han sido una bendición para muchos.

Nuestro mundo dio un vuelco total cuando nuestra hija Elizabeth llegó a nuestras vidas. Yo la llamo "la niña de mis ojos". Las hijas siempre tienen un lugar especial en el corazón de los padres. Elizabeth tiene su lugar en el mío. Y cuando nuestro hijo Joel se casó, Lis, mi nuera, se convirtió en una hermosa integrante de nuestra familia. Lis ha sido un encanto y ha convertido a nuestro hijo en una mejor persona.

Elizabeth y Lis también han hecho la cosa más maravillosa que un ser humano puede hacer por otra persona: nos han dado nietos. Por supuesto que sentimos un amor especial por nuestros nietos John y James. Pero Madeline, Hannah y Ella son las chicas más hermosas, talentosas e inteligentes del planeta. Estos cinco niños iluminan nuestra vida.

Margaret y yo acabamos de llevar a Maddie y a Hanna de viaje a Pensilvania para celebrar sus decimotercer cumpleaños. Les hablamos de historia en Gettysburg y Filadelfia hasta que ya no podían más. Las llevamos a Hershey por las atracciones y el parque acuático, para que pudieran disfrutar nuevamente de su infancia.

También me han influido enormemente las mujeres cuyas historias se narran en la Biblia. Desde que era niño mi mamá me hablaba de estas gigantes de la fe, personas como Rut y Ana, Abigaíl y María. Los rasgos de carácter que mostraron y el liderazgo que tuvieron me han proporcionado valiosas lecciones.

Y eso me llevó a pensar: ¿Y si escribo otro libro sobre los *Gigantes*, pero completamente centrado en estas mujeres cuyas historias han sido tan valiosas para mí? Me imaginé que eso sería como visitar el cielo por un día, ver a mi madre nuevamente y conocer a estas increíbles mujeres de la fe.

Si usted ha leído *Corramos con los Gigantes* o *Aprendamos de los Gigantes*, usted ya tiene una idea de lo que viene. Imaginaremos cómo sería compartir con nueve gigantes de la fe. Caminaremos con ellas, las escucharemos mientras comparten sus conocimientos de la vida y nos llevaremos lecciones que nos ayudarán diariamente. Además, les pedí a nueve mujeres importantes de mi vida que compartieran sus puntos de vista, que usted encontrará en las secciones llamadas "De mujer a mujer". Conocerán a mi esposa Margaret; a mi hermana Trish; a las hijas adultas de Trish, Rachel y Jennifer; a Anita, la esposa de mi hermano Larry; a mi hija Elizabeth; a mi nuera Lis y a mis dos nietas mayores Maddie y Hanna, ambas de trece años. Usted no tiene que ser mujer para beneficiarse de las lecciones que estas mujeres pueden enseñar. Las verdades que nos enseñan son universales.

Así que venga, acompáñeme en este viaje y adquiera sabiduría mientras camina con estas gigantes de la fe.

RUT

Siga su corazón para encontrar su esperanza

Hoy me he levantado antes del amanecer. Esto es bastante común. Hace décadas prometí levantarme cada vez que sintiera que Dios me estaba despertando, incluso si ocurría a mitad de la noche. Sé que es Dios si me levanto con una idea cautivadora, o con un sentimiento imperioso de orar por algo. Cuando eso ocurre, normalmente salgo de mi cuarto calladamente para no despertar a Margaret.

Eso fue lo que hice hoy. Son las cinco en punto y aún está oscuro afuera. Me encuentro en mi estudio, sentado en mi sillón favorito para pensar. El llamado de Dios fue especialmente fuerte esta mañana y tengo un profundo sentimiento de anticipación, pero no estoy seguro de lo que Dios va a hacer o de lo que quiere que yo haga. Le pido a Dios que me hable y me dirija en oración. Cierro los ojos y espero.

Una visión

Yo trato de no distraerme pensando en mi copada agenda de viajes o en todo el trabajo que reposa sobre mi escritorio esperando por mí. Lo que deseo es silenciar mi mente y abrirme a lo que sea que Dios tiene que decirme. Por alguna razón, mis pensamientos se dirigen constantemente hacia mi madre. Tengo sentimientos encontrados. Cada vez que pienso en mi madre sonrío, porque su amor por mí fue incondicional. Pero también me entristece pensar en ella, porque murió en el 2009. Aún la extraño.

Seguidamente, mi mente comienza a irse. Quiero abrir los ojos, pero no puedo. Hay haces de luz, como si estuviera viendo estrellas. Me comienzan a timbrar los oídos. De repente tengo esa sensación de caerse al vacío que a veces se siente cuando uno se está quedando dormido y mi cuerpo se estremece. *¿Me estoy durmiendo?*, me pregunto.

Al abrir los ojos, me encuentro en una hermosa pradera llena de flores rosadas, en un día soleado. Puedo oler la grama y el suave perfume de las flores. El aire es fresco, tibio y seco.

Comienzo a mirar alrededor y me doy cuenta de que usted está a mi lado. Parece tan sorprendido como yo. Es reconfortante saber que no estoy viviendo esta experiencia yo solo.

Cuando estoy a punto de preguntarle cómo llegó aquí, escucho una voz que me llama.

—John.

La voz casi hace que me desmaye, porque solo puede pertenecer a una persona: mi mamá.

Me doy la vuelta y allí está ella, de pie frente a mí. Comienzo a llorar descontroladamente. La tomo en mis brazos y entierro mi rostro en su hombro como hacía cuando era niño.

Cuando levanto la cara, ella me está mirando sonriente. Está tan calmada, tranquila y asertiva como siempre. Su rostro es jovial y no parece tener ni una sola preocupación en el mundo.

—John, estoy tan feliz de verte. He extrañado tanto tu compañía —me dice—. Veo que has traído compañía. Qué bueno. Siempre estabas con un amigo.

—Mamá, estamos…¿Estamos en el cielo? —le pregunto.

—Por supuesto, cariño —me contesta.

Me estremezco al pensar en algo muy sublime, y comienzo a llorar nuevamente.

—¿Vamos a ver a Jesús?

—No John, lo siento, pero no podemos hacer eso en este momento. Eso tendrá que esperar hasta que llegue tu momento. Pero cuando eso ocurra, créeme, no te decepcionarás —dice mamá con una sonrisa.

—Ven conmigo —dice ella mientras cruza la pradera.

—Hoy tenemos un objetivo diferente —dice mamá—. Tú y tu acompañante van a conocer a nueve mujeres, todas increíbles, que son gigantes de la fe. Cuando eras niño te enseñé sobre cada una de ellas. Pero hoy las conocerás en persona. Y tendrás la oportunidad de aprender de ellas sobre la vida y el liderazgo. Su sabiduría te puede ayudar mucho si la aplicas en tu vida.

No hemos caminado mucho trecho cuando veo a una mujer vestida con una túnica del mismo color rosa de las flores de la pradera. Alrededor de su cintura tiene un cinto ancho, con un estampado bordado en hilo dorado, que me recordó las espigas de trigo que veía en los campos de Ohio cuando era niño.

—Aquí está la primera —dice mamá. Una sonrisa misteriosa se dibuja en su rostro—. No te diré quién es. Tendrás que descubrirlo tú mismo. Escucha lo que tiene que decir. Ella te guiará. Y nos veremos nuevamente antes de que te vayas.

Con esas palabras, mi mamá se voltea y se aleja caminando.

—Te saludo en el nombre del Dios Viviente —dice la mujer vestida de color rosa—. Me pidieron que te narrara mi historia. Acompáñame.

Usted y yo comenzamos a caminar lentamente por la pradera junto a ella.

—Cuando me casé con Majlón —comienza—, pensé que era la mujer más afortunada del mundo.

La esposa de Majlón... ¡Esta mujer es Rut!

—Mi padre obviamente arregló el matrimonio, y a mí ni siquiera me importó que Majlón no fuera un moabita como yo —explicó Rut—. También acepté que su madre viuda viviera en la misma casa de nosotros. Majlón era un buen hombre. Era amable, trabajador y guapo. Yo anhelaba tener un buen matrimonio. Lo que no me imaginaba era el amor tan profundo que llegaría a tener por esta nueva familia. Cuando llegué a conocerlos comencé a amar todo lo de ellos: sus tradiciones, sus costumbres y al Dios que adoraban con todo su corazón. Ellos eran mi familia verdadera, aun más que mi propia madre y mi propio padre biológicos.

"Habíamos estado casados durante un corto período de tiempo, tan corto que Dios no nos había dado hijos aún, cuando ocurrió lo impensable. Perdí a mi amado Majlón. Y antes de que mi suegra y yo hubiésemos terminado nuestro duelo, Quilión, el hermano de Majlón, también murió. Entiendo que nadie se libra del dolor y la muerte en esta vida, pero esto me destrozó. Justo cuando había encontrado mi lugar correcto, me fue arrebatado. Estábamos solas en el mundo, sin ninguna forma de sobrevivir. En aquellos días una mujer no podía tener propiedades o conducir sus propios asuntos. Tenía que depender de un esposo, hermano o padre.

"Noemí insistió en que Orfa, la esposa de Quilión, y yo, regresáramos a la casa de nuestros padres. Habíamos sido mujeres honorables, así que sabíamos que nos aceptarían de regreso. Orfa se fue. Pero yo sentía que tenía que tomar una gran decisión. Sentía que Noemí era parte de mi familia. ¿Qué debía hacer?

"Lo que decidí ese día me enseñó una de las verdades más importantes de la vida, y ahora quiero enseñársela a ustedes —dijo Rut. Seguidamente se detiene, nos mira y dice—: *Sigan su corazón si desean encontrar su esperanza.*

Ella siguió su corazón

Rut se queda observándonos para verificar si estamos entendiendo lo que está tratando de enseñarnos. Luego reanudamos la marcha, y comienza a explicar lo que nos quiere decir:

"Mi aprecio por Noemí era mayor que cualquier cosa".

—Decidí quedarme con Noemí. Salimos inmediatamente de Moab y nos fuimos a Judá, su tierra natal. Cuando llegamos al pueblo de Belén, no teníamos ninguna esperanza. Parecía que Noemí se había rendido. Ella pensaba que Dios la había abandonado. Yo sabía que había vuelto a su tierra para morir. Y bueno, si ella iba a morir, yo moriría con ella. Me enterrarían a su lado, entre su gente, que ahora era mi gente. No me importaba lo que me ocurriera. Mi corazón sentía cosas que mis ojos no podían ver y sabía cosas que mi mente no podía entender. Noemí había sido tan buena conmigo, ¿cómo podía yo no ser buena con ella?

"Mi aprecio por Noemí me condujo a Booz".

—Cuando llegamos a la tierra natal de Noemí, yo sabía que necesitaríamos hacer algo para no morir de hambre. Dios, en su gran amor, había ordenado a su pueblo a través de sus leyes que dejara las orillas de los campos sin cosechar para provecho de personas como Noemí y yo. Así que fui a recoger grano durante la cosecha.

Creo que no fue coincidencia que terminara recogiendo grano en los campos de Booz. Cuando tomamos decisiones con el corazón para la gloria de Dios, Dios nos guía con su propia mano. Yo no lo sabía, pero Dios ya había trazado mi camino. Ya Booz había oído sobre mí, y me protegía como si fuera parte de su servidumbre. Me alimentaba e incluso me daba grano adicional para llevarle a Noemí.

"Mi aprecio por Noemí nos llevó a la esperanza".

—Cuando Noemí supo que yo había pasado el día en los campos de su pariente Booz, se dio cuenta de que Dios estaba proveyendo para nosotras. Eso reavivó su esperanza y le insufló nuevas ganas de vivir. La antigua Noemí había vuelto. Ella sabía que Booz era un buen hombre, así que me dijo lo que debía hacer para que él se convirtiera en nuestro pariente redentor (y de paso en mi esposo). Donde antes todo lucía oscuro y sin esperanza, ahora se vislumbraba un futuro brillante.

Lecciones de vida de Rut

Mientras caminamos en silencio pienso en lo que Rut nos ha dicho. Se requiere de mucho valor para dejar un hogar y a toda la gente que uno conoce para irse a vivir a una tierra extranjera. En ese sentido, ella fue como Abraham. Seguramente fue vista y tratada como una extranjera, como una forastera. Pero a pesar de eso, ella siguió su corazón.

Cuando Rut habla de nuevo, es como si hubiese anticipado mis pensamientos. Dijo:

"Entiendan que, a los ojos de Dios, no hay extranjeros".

—Cuando partí hacia Judá, sabía que sería una extranjera para los hijos de Israel —dijo Rut—. Pero para Dios yo no era una extranjera. Él me aceptó como parte de su familia y lo hizo oficial cuando Booz se casó conmigo.

Tal vez usted se ha sentido alguna vez como extranjero. Algunas personas se sienten así durante toda su vida, como si no encajaran en ninguna parte, como si nadie los entendiera. Incluso Jesús fue tratado como un extranjero. El pueblo que Él vino a salvar no lo reconoció ni lo quiso.[1] Pero usted no tiene que estar afuera mirando hacia adentro. Dios lo invita a formar parte de su familia. Lo único que tiene que hacer es decirle que sí, y usted se convertirá en su hijo adoptivo. Él lo ama y desea estar con usted.

"Cuando se encuentre en problemas, permita que el amor lo motive a cambiar".

—Mi mundo se derrumbó cuando mi esposo Majlón murió. Yo había encontrado mi lugar en el mundo, y de repente lo perdí todo. ¿Qué podía hacer?

"¿Qué lo motiva a usted en medio de una situación desesperada? ¿El miedo? ¿La preocupación? ¿La frustración? ¿El resentimiento? ¿La amargura? Ninguna de esas emociones lo llevará en la dirección correcta. En vez de eso, busque el amor. El amor lo llevará al lugar correcto. Siga su corazón".

"Aférrese a la fidelidad, porque es la madre de muchas bendiciones".

—Yo confío en Dios por lo que Él es, no por lo que hace. Pero Dios recompensa la fidelidad. Yo le fui fiel a Noemí, y Dios me recompensó poniendo a Booz en mi vida. Booz le fue fiel a Dios y a su Ley. Cuando Booz supo que éramos parientes y que alguien de nuestro clan debía ayudarnos, fue a los ancianos del pueblo y contactó a nuestro pariente más cercano para ver si él podía ayudarnos. Cuando este hombre no pudo cumplir con su deber, Booz actuó para redimir nuestra propiedad y cuidar de nosotras. Él le fue fiel a Dios y, como resultado, Dios nos bendijo a nosotras y a él.

"Dios siempre traza un camino para aquellos que lo aman. Las leyes que Él dictó para las cosechas nos bendijeron con comida.[2] Las leyes que Él dictó relacionadas con el trato a las viudas, nos bendijeron con una nueva familia y a mí con un esposo.[3] Y por supuesto, eso me llevó a tener el mayor gozo de todos, dar a luz a mi hijo Obed. Él se convirtió en una bendición, ya que engendró a Isaí, que a su vez engendró a David, el gran Rey de Israel y un hombre conforme al corazón de Dios.

"Cuando somos fieles a Dios, Él nos bendice. Puede que no sepamos cómo o cuándo lo hará, pero podemos estar seguros de que Dios es fiel".

La oración de Rut

Rut se detiene y dice:

—Antes de despedirme, quiero orar por ustedes, ¿está bien? Los dos asentimos.

—*Amado Dios Redentor:*
"Tú eres fiel y bueno. Tú nos amas y quieres lo mejor para nosotros. Primeramente te

*pido que mis amigos conozcan sus propios
corazones. Cuando duden o estén en problemas, ayúdalos a ser sensibles a ti. Há-
blales a través de tu Espíritu, y ayúdalos
a tener la valentía de seguirte a donde sea
que los lleves. También te pido que siempre
los recompenses con esperanza. Amén".*

Cuando abrimos los ojos, Rut nos regala una sonrisa.

—Amigos míos —nos dice—, mi tiempo con ustedes
terminó, pero su próxima mentora los espera más adelante, fuera de las puertas de la ciudad. Sigan por este
sendero y la encontrarán.

Con esas palabras, Rut regresa por el camino que
habíamos recorrido.

Lecciones de liderazgo de Rut

Por un momento, vacilamos. ¿Qué deseamos más: detener a Rut y hacerle preguntas, o seguir adelante y
encontrar a la próxima persona? Sentimos que nuestro
tiempo aquí es limitado, así que decidimos seguir caminando. Mientras lo hacemos, reflexiono en lo que
dijo Rut y en su historia en la Biblia. Con cada paso, se
me van haciendo cada vez más claras las lecciones de
liderazgo que se desprenden de la vida de Rut:

1. Haga lo que usted sabe que es lo correcto, no lo que a otros les parezca correcto.

Lo más lógico que Rut podía hacer cuando su esposo murió era regresar a donde estaba su familia y buscar un nuevo esposo. De hecho, Noemí le sugirió que hiciera eso y su cuñada Orfa siguió ese consejo.

Rut pudo haber dejado que sus preguntas y sus dudas la convencieran de abandonar a Noemí. Pero en vez de eso, su corazón se aferró a lo que creía. Pasó de la agonía de las preguntas que no podía responder a la realidad de las respuestas de las que no podía escapar. Sintió una profunda convicción de que debía estar con Noemí, y siguió esa convicción.

Como líderes, necesitamos recordar eso: siempre las grandes acciones están precedidas de una fuerte convicción. Cuando sabemos que algo es correcto y esa convicción está reafirmada por el conocimiento de que nuestros motivos son puros, como en el caso de Rut, debemos seguir adelante. Otros pueden cuestionar nuestros argumentos y nuestras decisiones, pero cuando sabemos lo que es correcto, no podemos permitir que esas cosas nos desanimen. Debemos estar de lado de nuestras convicciones. Como dijo Albert Mohler, presidente del *Southern Baptist Theological Seminary*: "Las convicciones no son simplemente las creencias que tenemos, sino esas creencias a las que nos aferramos".

2. Seguir su corazón con integridad puede aumentar su influencia en los demás

Cuando Rut siguió su corazón y se fue con Noemí a Belén, su influencia en los demás aumentó. En vez de menospreciarla como extranjera, los hebreos se fijaron en ella y la admiraron. Se ganó el favor de Booz, quien le dijo: "Ya me han contado todo lo que has hecho por tu suegra desde que murió tu esposo; cómo dejaste padre y madre, y la tierra donde naciste, y viniste a vivir con un pueblo que antes no conocías. ¡Que el Señor te recompense por lo que has hecho! Que el Señor, Dios de Israel, bajo cuyas alas has venido a refugiarte, te lo pague con creces".[4]

Al seguir su corazón y tomar sus decisiones, Rut marcó distancia de las grises existencias de los demás. Impresionó a los habitantes de un pueblo entero, incluyendo a los ancianos, que la bendijeron al declarar:

> ¡Que el Señor haga que la mujer que va a formar parte de tu hogar sea como Raquel y Lea, quienes juntas edificaron el pueblo de Israel! ¡Que seas un hombre ilustre en Efrata, y que adquieras renombre en Belén! ¡Que por medio de esta joven el Señor te conceda una descendencia tal que tu familia sea como la de Fares, el hijo que Tamar le dio a Judá![5]

Al seguir su corazón y hacer lo que sabía que era correcto, Rut pasó de ser una extranjera a ser una persona respetada, bendecida y honrada.

Cuando seguimos nuestro corazón y hacemos lo que es correcto, nuestro potencial de liderazgo aumenta. Liderazgo es influencia, así que cualquier cosa que incremente nuestra influencia y nos haga ganar el favor de los demás, facilitará nuestro liderazgo.

3. Recuerde ser humilde y seguir trabajando mientras Dios le bendice.

Cuando Booz se fijó en Rut y comenzó a ayudarla, ella bien pudo haberse puesto a holgazanear. Después de todo, estaba recibiendo ayuda de un pariente que tenía el poder de redimirla tanto a ella como a la propiedad que una vez perteneció al esposo de Noemí. Pero Rut permaneció fiel y siguió trabajando. Las Escrituras dicen que ella trabajaba arduamente antes de que Booz la invitara a comer con él. Después volvía nuevamente al trabajo y recogía en el campo hasta el anochecer. Y luego trillaba lo que había recogido antes de irse a casa. Ella siguió esta rutina hasta que finalizó la cosecha de la cebada y el trigo.

Si Dios le concede el don del liderazgo y usted recibe sus bendiciones, no deje que este se le suba a la cabeza y lo detenga. Continúe trabajando. Cuando reciba respaldo e impulso, siga adelante. Noemí comprendió esto bien. Cuando ella y Rut comenzaron a recibir la ayuda de Booz, no se sentaron a disfrutar de las provisiones que él se aseguró que recibieran. Noemí aprovechó la circunstancia y le dijo a Rut que se inclinara a los pies de Booz como un símbolo de que deseaba recibir su protección. Y él se la concedió. De inmediato se convirtió en su defensor.

Dios quiere que su pueblo sea reconocido por otros por causa de su amor. Me parece que olvidamos esto con demasiada frecuencia. Las sabias palabras de Rut son un buen recordatorio. Si amamos al prójimo y seguimos nuestro corazón en la manera de tratar a los demás, será difícil que nos equivoquemos.

De mujer a mujer

Cada vez que escucho la historia de Rut, no deja de impresionarme la manera en que ella reaccionó ante la muerte de su esposo y su cuñado. Ella y Noemí se encontraron de repente solas en el mundo, al final de la cuerda, sin posibilidades de cambiar su circunstancia. En su cultura, en ausencia de un hombre ellas no tenían casi ninguna opción. Si alguien pudo haberse sentido víctima, era Rut. Y pudo haberse entregado fácilmente a su dolor y perder la esperanza.

Pero Rut no se dejó llevar por la desesperanza y la tristeza. En vez de eso, luego de llegar con Noemí a Belén, se fue inmediatamente a trabajar para encontrar una manera de proveer para las dos. La solución disponible incluía un gran esfuerzo físico, pero eso no la detuvo. Trabajaba todo el día recogiendo las sobras abandonadas por los demás jornaleros. Ella escogió hacer algo aun sin saber el destino que Dios tenía preparado para ella.

La lección que aprendí de Rut como mujer es que jamás debo sentirme víctima de las circunstancias. Especialmente en este mundo moderno, con muchas más opciones que las que tuvo Rut, puedo escoger tener esperanza y buscar una manera de resolver los problemas. No tengo que permitir que las circunstancias me definan. En vez de eso, puedo seguir las instrucciones de Dios y actuar, y eso abrirá el camino para cambiar mis circunstancias y encontrar satisfacción y gozo, de acuerdo con el plan de Dios.

—Margaret Maxwell

Preguntas para reflexionar y discutir

Para saber más sobre Rut, lea Rut 1:1, 4:22 y Mateo 1:5-6.

1. ¿Con quién se identifica usted más en la historia de Rut: con Noemí, con Rut o con Booz? Explique.

2. ¿Qué habría hecho usted en el lugar de las nueras de Noemí? ¿Se habría marchado a casa como Orfa, o habría seguido a Noemí a Belén? ¿Por qué?

3. Cuando Rut se mudó a Belén con Noemí, se encontraba en una situación bastante difícil en la cual tenía muy poco control sobre su futuro. ¿Cómo se habría sentido usted en esa situación?

4. ¿Cuánto se apoyó Rut en Dios y cuánto en su propia iniciativa y habilidad de trabajar arduamente?

5. ¿De qué manera trata usted de equilibrar la confianza en Dios y la confianza en sí mismo al enfrentar un reto personal difícil?

6. ¿Dónde o cómo encuentra usted esperanza cuando pareciera que no la hay?

7. ¿En qué aspecto de su vida actual le beneficiaría seguir más a su corazón?

SARA

No complique la promesa de Dios tratando
de solucionar el problema usted mismo

Caminamos hasta el tope de una colina y frente a nosotros aparece la cosa más majestuosa que hemos visto en nuestras vidas. Es una ciudad, pero una ciudad como ningún otro ser humano ha visto jamás. Me recuerda a la antigua ciudad de Jerusalén, excepto que las murallas son como pulidas y con aspecto de vidrio grueso. La ciudad es enorme. Por encima de las murallas se levantan miles de edificios de brillantes colores, que destellan bajo la luz. Una especie de resplandor parece brotar del centro de la ciudad, aunque parece que es pleno día.

Nuestro sendero se ha transformado en una calle pavimentada que se dirige a una gran puerta abierta de forma circular que se encuentra en la muralla de la ciudad. Continuamos caminando hacia ella. Aunque aún estamos a cierta distancia de la muralla, nos encontramos con pequeños muros decorativos a ambos lados de la calle. Parecen estar hechos del mismo tipo de material de las murallas de la ciudad. Tienen el aspecto de vidrio muy grueso.

A pesar de que aún estamos bastante lejos de la gran puerta, notamos que hay una mujer sentada en uno de estos pequeños muros. Lleva puesto un vestido largo de color amarillo con un velo de la misma tela. No es sino hasta que nos acercamos a ella que podemos apreciar su cabello canoso y su rostro, que presenta suaves arrugas. Nos sonríe y nos quedamos atónitos por su gran belleza. Se pone de pie, y nos damos cuenta de que aún posee la figura de una mujer joven.

—Qué bien, ya llegaron —dice la mujer—. Siéntense aquí conmigo para que podamos hablar.

Ella se sienta y nosotros la acompañamos. El tope del pequeño muro es perfectamente liso y muy resistente.

—Cuando era niña pensaba que tendría una vida maravillosa. Me casé con un hombre de buena familia, de hecho de mi propio clan —sonríe—. Nuestro futuro parecía brillante, y planeamos tener una gran familia.

"Pero transcurrió un año y luego otro, y yo aún no tenía hijos. Con cada cumpleaños me ponía más ansiosa. Veinticinco. Treinta. Treinta y cinco. Cuarenta. El tiempo transcurría rápido. Sentía que me estaba envejeciendo. Cuarenta y cinco. Todavía era posible. Conocía mujeres mayores de cuarenta años que habían tenido hijos. Luego cumplí cincuenta. Cincuenta y cinco. Y entonces lo acepté: mi tiempo de tener hijos ya había pasado. Estuve de duelo durante cinco años, y luego a los sesenta me resigné. ¿Qué podía hacer? Las ancianas no tienen hijos.

¿Podría esta mujer ser Sara?, nos preguntamos.

La promesa de Dios

—Cuando cumplí sesenta y cinco años, Dios le habló a mi esposo Abraham.

Sin duda esta *es* Sara. Ella estaba allí cuando todo comenzó, cuando Dios hizo un pacto con un hombre común y corriente y le prometió bendecir al mundo a través de él. Sara continúa:

—Dios le prometió a Abraham que se convertiría en padre de una gran nación. ¿Saben lo que eso significaba? —pregunta.

Una docena de pensamientos atraviesan mi mente. ¿A cuál se estará refiriendo?

—Significaba que finalmente sería bendecida con hijos; suficientes hijos para dar inicio a una nación. Finalmente sería bendecida por Dios. Casi no lo podía creer. A una edad en la cual la mayoría de las mujeres se convierten en abuelas o bisabuelas, yo finalmente me convertiría en madre.

"Cuando Abraham me dijo que la promesa de Dios conllevarían grandes cambios para nosotros, yo dije que sí:

"Dije que sí cuando Abraham me pidió dejar mi hogar.

"Dije que sí cuando Abraham me pidió que lo acompañara a un viaje de miles de kilómetros hacia una tierra desconocida.

"Dije que sí cuando Abraham me pidió que viviera como nómada en el desierto.

"Hasta dije que sí cuando Abraham me pidió que les dijera a los demás que yo era su hermana.

"Enfrentaba cada día con esperanzas. ¿Será este el día en que Dios pondrá un hijo en mi vientre?

"Pero los días se volvieron meses, y los meses años. Esperé durante diez años, y aún Dios no cumplía su promesa. Y yo no podía ver *cómo* lo haría. Así que decidí que debía hacer *algo*. Le dije a Abraham que tuviera un hijo con Agar, la sierva que yo había comprado cuando estábamos en Egipto".

Sara se levanta y nos mira. Nosotros comenzamos a levantarnos también, pero ella nos indica con su mano que permanezcamos sentados.

—¿Alguna vez han sentido que necesitan ayudar a Dios y hacer las cosas por ustedes mismos? —dijo entre risas—. No debería ni preguntarlo. ¡Por supuesto que lo han hecho! ¿Conocen a alguien que no? La verdad, es absurdo. Ahora me doy cuenta de que lo es y puedo decirles con seguridad lo siguiente: *no compliquen las promesas de Dios tratando de solucionar sus problemas ustedes mismos.*

Las consecuencias de la solución de Sara

—Yo pensaba que estaba ayudando a Dios, pero lo único que estaba haciendo era empeorando mi vida. Cuando Agar quedó encinta comenzó a despreciarme. Ella tenía algo que yo no tenía, y pensaba que eso le daba ventaja sobre mí. Cuando nació Ismael, las cosas no mejoraron. Todos los días tenía que verlo y ver la manera en que Abraham lo trataba. Eso plantó una semilla de amargura en mi corazón.

"Yo culpé a Agar por las burlas de su hijo Ismael.

"Culpé a Abraham por el sufrimiento que me hacía sentir Agar.

"Culpé a Dios por no haberme dado un hijo.

"Pero la verdad es que yo misma me había creado este problema. Dios me había prometido *que* yo tendría un hijo, aunque no me dijo *cuándo*".

Lecciones de vida de Sara

Sara sonríe pensativa. Se sienta nuevamente de manera que puede tener contacto visual con nosotros, y comienza a hablar:

"No traten de adelantarse a Dios cuando crean que Él no está actuando lo suficientemente rápido".

—Siempre tenemos una opinión sobre la manera en que Dios debería hacer las cosas. Por lo general queremos las cosas inmediatamente, y creemos tener buenas razones para ello. Pero independientemente de cuán fuertes, inteligentes, creativos o estratégicos seamos, no podemos tener mejores ideas que Dios ni debemos tratar de adelantárnosle.

"Cuando miraba al pasado podía ver la mano de Dios en cada etapa del viaje de Abraham y de mi fe. Pero en ese momento, cuando miraba hacia el futuro no podía verla. Para ese entonces me sentía insegura, pero ahora sé que quienes pueden ver la mano de Dios en sus vidas, pueden poner sus vidas en sus manos.

"Dios ve todo el universo, y Él quiere lo mejor para todos en cualquier momento de la historia humana. Él mueve los hilos de nuestras vidas. ¿Cómo podemos pensar que sabemos más que Él?".

"Nuestras soluciones alternas son siempre pobres sustitutos de las promesas de Dios".

—Cuando tratamos de poner en práctica nuestras propias soluciones, nuestras acciones siempre traen consecuencias negativas. Cuando le sugerí a Abraham que utilizara a Agar como mi sustituta, pasé de ser una sierva fiel a una enemiga. Mi matrimonio se volvió tenso. Mi relación con Dios se vio afectada; y causé una contienda entre los descendientes de Isaac, el hijo que eventualmente tuve, e Ismael, el hijo de Agar. Ese conflicto continúa hasta el día de hoy.

"Probablemente hay algo que usted desea ahora, y que Dios prometió darle. Y es posible que usted esté tratando de ver cómo obtenerlo en el momento que usted quiere y no en el tiempo de Dios. No lo haga. Ni siquiera su mejor intento se puede comparar con lo que Dios ha planificado para usted. Dios nos revela su plan según necesitemos conocerlo. Cuando no necesitamos saberla, Dios no revela su voluntad. En esos momentos debemos esperar.

"Cuando usted deba esperar, concéntrese en el carácter de Dios, y no en sus circunstancias".

—Cuando Dios guarda silencio y debemos esperar, usualmente volvemos nuestra atención hacia las cosas equivocadas. Nos concentramos en nuestras circunstancias y no vemos más que los obstáculos. Eso fue lo que me ocurrió a mí. Cuando vi que el tiempo pasaba y mi situación se volvía más desesperada ante mis ojos, comencé a sentirme cada vez más vulnerable.

"Necesitamos recordar que nuestras circunstancias, independientemente de cuán infranqueables parezcan los obstáculos, no son nada para Dios. Sus promesas se cumplirán a como dé lugar. Conocer la voluntad de Dios no es suficiente. Hacer la voluntad de Dios es indispensable. Eso requiere una fe total.

"Los milagros de Dios ocurren solo cuando usted se enfrenta a lo imposible".

—Solo cuando necesitamos que ocurra lo imposible es cuando Dios es capaz de realizar un milagro. A Dios le encanta cumplir sus promesas bajo esas circunstancias. Él me dio a Isaac, el hijo que me había prometido, ¡cuando yo tenía noventa años! Nunca olviden que *nada* es imposible para Dios y que los milagros son acontecimientos normales para Él.

"Así que si está en una situación difícil o incómoda, y un acontecimiento imposible es lo único que lo puede ayudar, usted es candidato a recibir un milagro. Y si Dios le hizo una promesa, puede estar seguro de que la cumplirá.

La oración de Sara

Sara sonríe una vez más. Pareciera estar reteniendo las ganas de reír. Las Escrituras dicen que cuando Dios le dijo que tendría un hijo siendo anciana, ella se rió. Me imagino que fue con amargura. Ahora parece sonreír y reír con gozo. Se ofrece a orar por nosotros.

"*Dios soberano:*

"*Si en un futuro a estas personas les llega un día en que se sienten desesperadas y piensan que su situación es imposible de superar, te pido que puedan confiar completamente en ti y que tú los bendigas por ello. En esos momentos, ayúdalos a recordar tus promesas, a ser pacientes y a esperar tu milagro. Amén*".

Cuando Sara termina de orar, nos sonríe nuevamente.

—Continúen hacia la ciudad —nos dice—. La próxima persona los estará esperando detrás de esas murallas.

Seguimos caminando, pensando en lo que nos había dicho. Volteamos una vez más y la vemos observándonos con una sonrisa.

Lecciones de liderazgo de Sara

Puede que Sara no haya influido en grandes masas de gente durante su vida, pero la influencia que tuvo moldeó al mundo. Y podemos aprender valiosas lecciones de su liderazgo.

1. Deje que sus decisiones de liderazgo sean guiadas por la fe, y no por la frustración o el miedo

Alguien dijo una vez que la fe es lo único que tenemos cuando no tenemos todos los hechos pero tenemos a Dios. Sara era esposa de un gran hombre de fe, pero aun así alimentó sus dudas y frustraciones. Ciertamente, tenía razones válidas para sentirse frustrada. Ya había sufrido por no poder tener hijos en la edad normal en que una mujer los tiene. Luego, después de recibir la promesa de Dios de que tendría un hijo, tuvo que esperar veinticinco años más. No me imagino cómo se puede mantener la paciencia bajo esas circunstancias. Pero también sé que Dios quiere que nos concentremos en nuestra fe en Él.

Muchas veces en mi vida como líder he perdido la paciencia y he querido tomar una situación en mis manos para cambiar lo que está pasando. Quizás la frustración más grande que he enfrentado fue cuando era pastor titular en la iglesia Skyline mientras nos mudábamos a una nueva ubicación. Durante más de una década enfrentamos un obstáculo tras otro. Muchas veces mi frustración se desbordaba y tenía que detenerme, hablarle a Dios sobre lo que estaba sintiendo y volver a concentrarme en mi fe en Él. Es fácil creer en las bendiciones de Dios, pero un poco más difícil esperar su tiempo.

Uno de los versículos favoritos de mi madre, y que ella citaba con frecuencia, es 1 Pedro 5:7: "Depositen en Él toda ansiedad, porque Él cuida de ustedes".[6] Si usted se siente frustrado como líder, no permita que eso le haga tomar malas decisiones. Vuélvase a Dios y deje que Él lo ayude a trabajar sus emociones. Y recuerde siempre las palabras de Charles Spurgeon:

"Dios es demasiado bueno para ser cruel. Él es demasiado sabio para estar confundido. Si no puedo seguir su mano, siempre puedo confiar en su corazón".

2. Nunca use su influencia para manipular a otros para su propio beneficio

Sara influyó mucho en dos personas en su vida: su esposo Abraham y su sierva Agar. Cuando ya no pudo soportar las frustraciones de la vida, utilizó la influencia que tenía en estas personas para tomar una mala decisión. Eso repercutió negativamente en cada uno de ellos.

El escritor y congresista Bruce Barton dijo: "Algunas veces cuando pienso en las tremendas consecuencias que resultan de las cosas más pequeñas, me siento tentado a pensar que no existen cosas pequeñas". Solo porque tengamos poder no significa que tenemos que usarlo, especialmente si estamos pensando en usarlo para nuestro propio beneficio. Es fácil racionalizar tales decisiones. Pero casi siempre nos llevan al arrepentimiento.

3. No culpe a los demás por las consecuencias de sus malas decisiones

Cuando Agar quedó encinta después de que Sara le pidiera a Abraham que durmiera con ella, su relación se volvió amarga. Agar veía a Sara con desprecio, y Sara se volvió abusiva. Sara sabía que había tomado una mala decisión, pero le echó la culpa a Abraham. Le dijo: "Mi afrenta sea sobre ti, yo te di mi sierva por mujer y, viéndose encinta, me mira con desprecio. Juzgue el Señor entre tú y yo".[7]

Cuando dirigimos a otros estamos en una posición que nos permite culpar a los demás y salirnos con la nuestra fácilmente, porque aquellos de quienes somos líderes con frecuencia se rehúsan a hablar en contra de nosotros. Pero los líderes de Dios no hacen eso. Ellos aceptan menos crédito y más culpa de lo que les corresponde.

Cuando usted tome malas decisiones, no trate de taparlas o de echarle la culpa a otro. Asuma su responsabilidad. Dios sabe cuando usted está actuando correctamente y cuando no. Deje que Él juzgue y lo recompense adecuadamente.

Al ser yo una persona que ha sido impaciente toda la vida, necesitaba los consejos de Sara. Con demasiada frecuencia he tratado de ayudar a Dios y le he ofrecido mis propias soluciones. Y a pesar de que lo sé, aún lo hago. Tengamos siempre presente que ni siquiera nuestro mejor intento se puede comparar con cualquier cosa que Dios tenga en mente.

De mujer a mujer

Cuando pienso en Sara, recuerdo que para Dios no hay nada imposible. Es fácil decir que creo que mi Dios es un Dios de milagros, y que nada es demasiado difícil para Él; pero cuando mi situación parece imposible de resolver, me veo forzada a luchar con esta verdad en los lugares más recónditos de mi corazón.

Algunas veces no entiendo los procedimientos de Dios o sus tiempos en mi vida. Y cuando trato de que todo "tenga sentido", simplemente no puedo lograrlo. Es en esos momentos cuando agradezco la historia de Sara, porque sé que ella tampoco podía encontrarle ningún sentido al plan de Dios. Lo sé porque ella trató de reemplazar la promesa de Dios con su propio plan, y yo con frecuencia cometo ese mismo error.

A pesar de la falta de fe de Sara, Dios fue fiel y le cumplió a Sara lo que le había prometido. Cuando me siento tentada a cerrar mi corazón a Dios y a confiar en mis propios recursos, me acuerdo de su fidelidad. Él es fiel aunque yo no lo sea. Y cuando me atrevo a abrir mi corazón para confiar en Él, incluso cuando no puedo ver la salida, Él me confiere fe para descansar en la promesa de que Él está obrando TODAS las cosas para mi bien y su gloria.

—Rachel Watson

Preguntas para reflexionar y discutir

Para saber más sobre Sara, lea Génesis 12:1-23:2.

1. ¿Qué respondería usted si su cónyuge le dijera que él o ella escuchó a Dios y le pidiera que se mudaran a una tierra desconocida?

2. ¿Cree usted que fue justo para Sara tener que esperar tanto para tener un hijo? Explique.

3. ¿Por qué piensa usted que Dios demoró tanto el proceso e hizo que Abraham y Sara esperaran?

4. Dios cambió el nombre de Abram, que significa "padre exaltado" a Abraham, que significa "Padre de muchos". ¿Por qué cree usted que Dios cambió el nombre de Sarai a Sara, si ambos nombres significan "princesa"?

5. ¿Cómo reacciona usted normalmente ante la frustración en su vida? ¿Explota, se retrae y se pone furioso, trata de tomar el control o se da por vencido?

6. ¿Cómo piensa usted que Dios quiere que usted reaccione?

7. ¿Qué decepciones enfrenta usted en estos momentos? ¿Cómo podrían ayudarlo los demás a enfrentarlas de una manera que glorifique a Dios?

RAHAB

La historia de Dios está llena de sorpresas

Al caminar hacia la gran puerta, comenzamos a percatarnos de lo altas que son las murallas y de lo enorme que debe ser la ciudad. Mientras nos acercamos, nos vamos quedando atónitos por todo lo que observamos. El material del que está hecha la gran puerta es de color blanco cremoso satinado. Parece que estuviera hecha de perlas. Junto a la puerta se encuentra un único guardia, ¡que debe medir casi cuatro metros! Tiene una espada envainada. Mira estoicamente a la gente entrando y saliendo de la ciudad.

La gente a nuestro alrededor parece estar utilizando vestuarios de cada nación y cada época de la historia humana. Veo personas vestidas con uniformes militares modernos, pieles de animales, togas, galas tribales, armaduras japonesas y europeas, túnicas, pantalones abombados, vestidos largos, vestidos cortos y trajes. Algunos visten poca ropa. Es como si nos encontráramos en la parte de atrás de un estudio de cine y los actores de una centena de películas exóticas diferentes se mezclaran entre sí. Pero esta es gente real, no actores disfrazados.

Antes de cruzar la gran puerta, observo una palabra en hebreo escrita sobre el arco: יהודה. Yo estudié hebreo durante dos años para escribir uno de mis libros, así que puedo descifrarla. Dice "Judá".

Atravesamos la puerta, que nos conduce a un largo túnel. La calle es amplia y tanto las murallas como el techo arqueado sobre nosotros se ven perfectamente pulidos como el vidrio. El túnel está muy bien iluminado y, cuando nos hemos adentrado unos treinta metros, lo que parece ser la mitad del recorrido, me doy cuenta de que no hay luces artificiales ni ventanas. En realidad, la luz atraviesa las murallas de cristal transparente.

El túnel desemboca en una T en la base de otra muralla. La calle que cruza perpendicularmente se eleva ligeramente, tanto a la derecha como a la izquierda. La muralla que está frente a nosotros, que se erige por encima de nuestras cabezas, parece ser la base del siguiente nivel superior de la ciudad. Mientras nos aproximamos a ella, recuerdo las piedras fundacionales subterráneas que vi en el Monte del templo en Jerusalén, pero esta muralla parece estar formada por enormes losas de zafiro. ¡Es asombroso!

De pie en la intersección, cerca de la muralla, se encuentra una mujer vestida de escarlata de pies a cabeza.

El color intenso resalta mucho más, en contraste con la muralla azul de fondo.

Al aproximarnos, notamos que la tela de su vestido tiene un estampado con sombras de color rojo, púrpura y negro. En la cintura lleva un cordón escarlata, con flecos en los extremos.

Al mirar su rostro, nos sorprende ver maquillaje. Usa una sombra violeta claro en los parpados y labial rojo brillante. Lleva grandes aretes dorados, y un collar dorado alrededor de su cuello. Sus dedos están adornados por varios anillos de oro. Una explosión de cabellos rubios se asoma por debajo de su velo.

—Por su reacción puedo ver que no soy lo que esperaban y que les sorprende mi apariencia —dice la mujer de rojo—. Pues déjenme decirles algo: *la historia de Dios está llena de sorpresas.*

Una serie de sorpresas

—Mi nombre es Rahab. Sí, esa Rahab que una vez fue prostituta, pero que luego se convirtió en la madre de Booz y en la tatarabuela del rey David. Puede que les sorprenda encontrarme aquí, pero les aseguro que nadie estuvo más sorprendida que yo por los acontecimientos que ocurrieron en Jericó de mano del Dios viviente.

"Yo fui expulsada de mi familia, abandonada y sin medios para ganarme la vida. Así que hice lo que hice para poder sobrevivir. Me vendía a los hombres que visitaban la ciudad. Jericó era una ciudad importante en aquellos días. Comerciábamos con gente de tierras lejanas y cercanas, así que todo el mundo era próspero. Pero comenzaron a circular rumores que hicieron que los comerciantes dejaran de venir a la ciudad. Se decía que el pueblo del Dios viviente cruzaría el río Jordán con la intención de conquistar todo territorio que estuviera a su paso.

"Las murallas de Jericó eran legendarias —dijo mirando a su alrededor—. Por supuesto, no eran nada en comparación con estas. Pero eran poderosas para su época. Todos en la ciudad, incluyéndome, creían que ningún ejército podría derribar esas murallas. Sin embargo, cuando comenzaron los rumores, comencé a escuchar cosas increíbles que llamaron mi atención.

"Quedé sorprendida al oír la historia de la división del mar Rojo".

—Se decía que ese pueblo estaba huyendo del poderoso reino de Egipto, cuando Dios dividió el mar Rojo, permitiéndoles caminar sobre tierra seca y salvarse, mientras que había ahogado al poderoso ejército del Faraón cuando intentó seguirlos.

"Quedé sorprendida al escuchar que los poderosos reyes amoritas habían sido destruidos".

—En Jericó conocíamos bien a los poderosos reyes Sijón y Og, porque comerciábamos con su gente. Ambos contaban con ejércitos poderosos y hacían lo que les placía. Cuando escuchamos que los Hijos de Israel habían luchado contra ellos y los habían vencido, no lo podíamos creer. El miedo se apodero de la ciudad de Jericó. Y yo sabía en lo más profundo de mi alma que estos seguidores de Dios vendrían algún día, con la intención de conquistar nuestra ciudad.

"Quedé sorprendida cuando los espías llegaron a mi puerta".

—Cuando estos dos extraños vinieron a Jericó y se me acercaron, pensé que eran como todos los demás hombres que me buscaban. Me sorprendí cuando me enteré de que eran israelitas que habían sido enviados por su líder para evaluar las defensas de Jericó. Pero yo estaba segura de que Dios estaba con ellos, así que cuando me pidieron ayuda, se las di. Los oculté de los hombres del rey en mi casa, que estaba construida en las murallas de la ciudad, y los ayude a escapar. Desorienté a los hombres del rey enviándolos en la dirección equivocada. A cambio, los espías israelitas juraron protegerme a mí y a mi familia, pero solo si ataba un cordón escarlata en mi ventana.

Rahab mira hacia abajo y toma con los dedos el cordón que lleva alrededor de su cintura.

—Es este mismo cordón. Lo uso en conmemoración de ese día.

"Quedé sorprendida cuando los israelitas cumplieron su promesa de salvarme a mí y a mi familia".

—El día que los israelitas aparecieron en las afueras de la ciudad, entendí que era cuestión de tiempo antes de que hallaran el modo de entrar. Ese mismo día fui a casa de mis padres, mis hermanos y hermanas, y les dije que se quedaran conmigo en mi casa. Ellos se negaron. No querían tener nada que ver conmigo y se ufanaban de las murallas impenetrables de Jericó. Al día siguiente ocurrió lo mismo. Pero al tercer día, comenzaron a preocuparse. Uno de mis hermanos vino a quedarse conmigo. Luego otro. Luego una de mis hermanas. Al sexto día, mi padre decidió que todos esperaríamos allí, juntos. Y al séptimo día, Dios derribo las murallas.

"Mientras todos nos abrazábamos en mi habitación escuchando el sonido de la matanza que ocurría detrás de la puerta, me preguntaba si realmente podía confiar en este Dios y sus seguidores. Cuando escuchamos unos fuertes golpes en la puerta, temimos lo peor. Pero Dios es fiel. Los espías que nos habían hecho la promesa nos escoltaron hasta las afueras de la ciudad, antes de incendiarla hasta sus cimientos.

"Quedé sorprendida de haber sido incluida en el linaje de Jesús".

—La sorpresa más grande de todas fue que yo (a quien la gente llamaba Rahab la ramera) fuera considerada justa por Dios,[8] contrajera matrimonio con Salmón y me convirtiera en la tatarabuela, veintiocho generaciones después, del Mesías y Salvador de la humanidad.[9]

Dios es el Maestro de las sorpresas

Mucha gente se sorprende de que Dios haya incluido una ramera en el linaje de Jesús, pero, si lo piensa bien, se dará cuenta de que la Biblia es un largo registro de sorpresas divinas. Noé quedó sorprendido cuando Dios le ordenó que construyera un arca y lo salvó a él y a su familia del diluvio que destruyó al mundo. Abraham y Sara quedaron sorprendidos cuando Dios les concedió un hijo en su vejez. Moisés fue sorprendido por la zarza en llamas. Los Hijos de Israel quedaron sorprendidos cuando Dios hizo retroceder las aguas del Jordán para permitirles marchar a la Tierra Prometida. La gente de la Tierra Santa quedó sorprendida cuando Elías hizo bajar fuego del cielo en el Monte Carmelo. Y el mundo entero quedó sorprendido cuando Dios envió a Jesús, su único Hijo, a la Tierra, para redimir a toda la humanidad.

Todos hemos escuchado el viejo refrán: "Dios actúa de formas misteriosas". Quizás sea más preciso decir que Dios se especializa en sorprendernos. Las sorpresas de Dios...

- son inesperadas e inexplicables,

- rompen con el statu quo,

- convierten lo normal en espectacular,

- muestran que Dios es mucho más grande de lo que hemos conocido o visto,

- cambian nuestras perspectivas y nuestro destino, y

- no deja lugar a dudas de que Dios es Dios.

La única cosa que no debe sorprendernos en la vida es que Dios nos sorprenda. A Él le encanta hacer eso. Si la mente de Dios fuera lo suficientemente pequeña para que pudiésemos entenderla, no sería Dios.

Lecciones de vida de Rahab

Mientras reflexionamos en las sorpresas de Dios, Rahab comienza a hablar nuevamente, y comparte lo aprendido de su experiencia:

"Dios lo invita a ser parte de su historia. Acompáñelo".

—La vida de cada persona es una historia con potencial para el drama y el humor, la tragedia y el triunfo. Mi vida fue una historia increíble. Su vida también es una historia. ¿Cómo terminará? Todo el que se vuelve a Dios está invitado a formar parte de su historia, y esta es la parte más increíble de todas. Dios le está extendiendo una invitación a formar parte de algo más grande.

"Yo era miembro de una raza que Dios había ordenado a los Hijos de Israel destruir, pero, a pesar de eso, Él me invitó a ser parte de su historia. De hecho, fui parte de su mejor historia, el envío de Jesús para salvar al mundo. Usted puede ser parte de esa misma historia si escoge acompañar a Dios y aceptar su guía.

"Dios quiere sorprenderlo con su amor. Acéptelo".

—Yo no esperaba que Dios me amara. Yo era una excluida, e incluso mi propia familia me rechazaba. Pero Dios sí me amaba y eso fue una sorpresa. Solo tenía que escoger aceptar su amor.

"¿Sabe usted cuánto lo ama Dios? Él ama a cada uno de nosotros como si solo hubiese uno de nosotros. Su amor es real, y su oferta de ser su Dios siempre está sobre la mesa. ¿Lo pone en duda? Si es así, dígase todos los días que Dios lo ama como usted es, no como usted quisiera ser, ni como otros piensan que usted es. Como usted es en este preciso momento. Y usted no puede cambiar eso. No puede hacer que Él lo ame más. No puede hacer que Él lo ame menos. Su amor es su amor. Espero que usted lo acepte como lo hice yo.

*"Dios le pide que sorprenda a los demás con sus
acciones. Obedézcalo".*

—Cuando ayudé a los espías, mi familia se sorprendió.
Dijeron que yo era una insensata por ayudar al ene-
migo y desafiar al rey. Su reacción fue producida por el
miedo. La mía fue producto del amor. Yo actué porque
creía en el Dios viviente al que ellos servían, el Dios
al que ahora yo sirvo, mi Dios y Salvador. Actué para
salvar a los espías, pero Dios utilizó esa acción para
salvarme a mí. Y esa es la manera habitual de actuar
de Dios. Por obediencia a Dios servimos a los demás,
sin egoísmo, y Él usa nuestras propias acciones para
ayudarnos. Nuestra función es hacer lo correcto, y
la función de Dios es hacer que todo resulte bien. La
obediencia a Dios me colocó bajo su protección y lo
que Él me dio —ser parte de la estirpe de Jesús— fue
un regalo eterno.

"¿Qué le está pidiendo Dios que haga por otra
persona en este momento? No lo cuestione. No dude
de Él. Solo obedezca. Usted no tiene idea de lo que
puede estar planeando Dios. Importa menos lo que
usted haga, que lo que Dios quiere hacer a través de
usted. Dios no quiere que usted se haga cargo. Él
quiere que lo obedezca. El Reino de Dios es una pa-
radoja. A través de una prostituta, Dios recibió gloria.
¿Qué podría hacer a través de usted?

"Cuando Dios realiza un milagro, Él está firmando su nombre en su historia. Celébrelo".

—La historia de mi vida no comenzó bien. La vida de pecado que escogí prometía mucho, pero produjo muy poco. Es un milagro que Dios salvara mi vida. Yo era cananea y prostituta. Mi familia y yo fuimos los únicos sobrevivientes de Jericó. Pero el milagro más grande es que Dios me permitiera ser, veintiocho generaciones después, ascendiente de Jesús. Dios observó mi vida inservible y vio en ella una obra maestra. Aprendí que todo lo que no es Dios trae decepción.

"A veces llegamos a ver el milagro. Otras veces llegamos a ser el milagro. Cuando Dios me sorprendió realizando un milagro, fue como si firmara mi historia. Otros me despreciaban, pero Dios creía que yo podía ser parte de un milagro. Y como resultado, mi nombre ha sido recordado durante milenios.

"Piense en las cosas que Dios ha hecho por usted. Esa es la manera que Él tiene de firmar su historia. Hónrelo por eso y entréguele su vida. Alabe su santo nombre".

La oración de Rahab

Rahab cierra sus ojos, y comienza a orar:

> *"Oh Dios viviente y amoroso,*
> *"Cuando veas a estos amigos, ve una obra maestra sin terminar, tal y como la*

viste en mí. Celebro que sus vidas sean aún historias inconclusas, porque eso significa que hay espacio para tus sorpresas. Oro para que ellos se permitan cada día ser parte de tu historia más importante, y que permitan que las sorpresas que tú les das resuenen a través de la eternidad. Amén".

Rahab nos mira una vez más y dice:

—La próxima persona que encontrarán vendrá pronto. Esperen por ella aquí. Y recuerden: ¡Hagan de su historia una historia maravillosa!

Lecciones de liderazgo de Rahab

El entusiasmo de Rahab es contagioso. Ella me hace querer ser mejor de lo que soy, y hacer que mi vida cuente para Dios. Sus palabras me hacen pensar en el liderazgo y en las lecciones que de ella podemos aprender.

1. Los buenos líderes reconocen cuando Dios está actuando.

Cuando los habitantes de Canaán escucharon las historias de los israelitas, comenzaron a sentir temor. Pero Rahab no. Ella reconoció que Dios estaba actuando. Él estaba haciendo algo y ella se preparó para formar parte de ello.

Los buenos líderes aprenden a leer cada situación y a entender qué es lo que está ocurriendo. Y cuando estos líderes son personas de fe, deben ser sensibles al Espíritu Santo y estar atentos a las acciones de Dios. Ellos captan y responden de la manera correcta.

Cuando yo era pastor titular de la iglesia Skyline me recordaba esto cada domingo antes del servicio, recitando la siguiente oración: "Dios, esta es tu iglesia, no la mía. Tú estás en control, no yo. Mis planes son humanos, los tuyos son divinos. Me someto voluntariamente a tus planes. Cuando tú actúes, prometo que actuaré contigo. Mis actos sin ti no son más que madera, heno y rastrojos. Pero tus actos cambian vidas".

Si usted es un líder, esté atento a lo que Dios está haciendo. Sométase a Él. Sea sensible a Él. Abandone sus planes y cuando Él actúe, actúe con Él.

2. Los buenos líderes no permiten que los miedos de los demás influyan en su buen juicio

En varias ocasiones Rahab pudo haber dejado que el temor la venciera: cuando se corrió la voz en Jericó de que Dios estaba ayudando a los israelitas a conquistar otros reyes, cuando los espías llegaron a su puerta, cuando el rey envió soldados a buscar a los espías. Pero no lo hizo. Ella mantuvo la sensatez, ayudó a los espías a escapar de la ciudad vigilada e incluso les dio consejos para que no fueran capturados y pudieran regresar con su gente. Rahab mostró buenas cualidades de líder estando bajo presión.

Cada vez que nos enfrentamos al riesgo o la incertidumbre, el miedo nos puede dominar. Pero como alguien señaló una vez, el miedo es el fruto, no la raíz del problema. La falta de acción proviene de la falta de convicción, no del miedo en sí mismo. Dios es fiel. Cuando Él dice que hará algo, Él siempre lo hace.

Debemos aprender del ejemplo de Rahab. No podemos permitir que el miedo o la presión nublen nuestro juicio. Enfrentemos el miedo con la fe. Enfrentemos la falta de acción con la convicción. No es casualidad que la Biblia contenga la exhortación: "No temerás" 365 veces, una por cada día del año. Recuerde: la gente siempre depende de líderes porque estos tienen la capacidad de ver antes que los demás, de ver más allá que los demás, y de ver más claramente que los demás. Si los líderes pierden esa capacidad, entonces no pueden liderar más, porque todos sufrirían.

3. Los buenos líderes siempre usan las ventajas que Dios les dio para ayudar a los demás.

Cuando Rahab recibió el favor de Dios y de los espías, lo utilizó para salvar a toda su familia: a su padre, su madre, hermanos, hermanas y todos sus parientes. Ella se dio cuenta de que las ventajas de las que disfrutó por liderar bien, no eran solo para ella.

Si usted es un líder, necesita preguntarse por qué lo hace. ¿Para recibir reconocimiento personal? ¿Para sentirse mejor con usted mismo? ¿O lo hace para el beneficio de otros, mejorar sus vidas y darle gloria a Dios? La razón por la cual usted es un líder es tan importante como lo que usted hace como líder.

Mientras esperamos por la próxima gigante de la fe, reflexionamos en el mensaje de Rahab de que la historia de Dios está llena de sorpresas, y pienso en la manera en que he comprobado eso en mi vida. Aún no puedo creer cómo me ha bendecido Dios con una familia grandiosa, amigos maravillosos, influencia sobre los demás y éxito más allá de mis más atrevidas expectativas de juventud. No merezco nada de esto, pero ciertamente lo agradezco. Y es inspirador que me recuerden que mi historia no ha terminado aún. Estoy muy ansioso por ver lo próximo que Dios me tiene reservado.

De mujer a mujer

Al pensar en Rahab, recuerdo que el plan de Dios es un intrincado rompecabezas que ninguno de nosotros podrá comprender jamás. ¿Quién puede no sentirse animado, inspirado e intrigado al pensar que esta mujer, que una vez fue despreciada, forma parte del linaje del Salvador?

Rahab entregó la única cosa que tenía: su fe. Por fe, incluso Rahab fue salvada. Nos gusta decir: "Ven tal como eres". Rahab vino y fue liberada. Me encanta saber que aun en los momentos en los que no merezco ser amada, Dios es soberano y tiene un plan para mi vida. Y aun en los momentos en los que la gente que me rodea no merece ser amada, Dios es soberano y tiene un plan para sus vidas. Dios es un Dios de gracia.

¡Anhelo el momento en que pueda sentarme a los pies de Jesús y escuchar las historias de cómo Él ha usado a las personas más inesperadas e inadecuadas para salvar a miles y traer a los no creyentes a su Reino!

Rahab me recuerda que Dios me da la bienvenida y tiene un plan para mí.

—Jenn Richards

Preguntas para reflexionar y discutir

Para saber más sobre Rahab, lea Josué 2:1–24 y 6:20–25, Mateo 1:5, Hebreos 11:31 y Santiago 2:25.

1. ¿Alguna vez ha visualizado su vida como una historia? Si se le pidiera describirla como tal, ¿cómo lo haría? Quizás pueda compararla con una película, obra o libro familiar.

2. Las historias bien contadas tienen un principio, un desarrollo y un desenlace. ¿Cuál parte de su historia vive usted actualmente? Explique.

3. ¿Cómo quiere que termine su historia? Descríbalo.

4. ¿Usted cree que Dios aún realiza milagros? ¿Por qué, o por qué no?

5. ¿Qué significaría para usted participar en la historia de Dios, de una manera que no lo ha hecho previamente?

6. ¿En qué aspectos de su vida está actuando Dios en este momento? Si no está seguro, pregúnteles a otros si ellos pueden notarlo.

7. ¿Qué acciones le está pidiendo Dios que realice en este momento? Describa sus sentimientos al respecto e indique si está dispuesto a dar ese paso.

ANA

Dios bendice las promesas que usted le cumple

Rahab nos dijo que esperáramos aquí por la próxima persona, así que esperamos. Eso nos permite observar un poco a nuestro alrededor. Puedo ver más detenidamente la muralla hecha de piedra transparente, de un color azul intenso. Cada losa es más grande que un vagón de ferrocarril. Los bordes son perfectamente rectos y lisos, y las esquinas también. Están unidas tan estrechamente unas a otras que no creo que sea posible deslizar una hoja de papel entre ellas.

Miro hacia abajo y noto que la calle en la cual nos encontramos parece estar hecha del mismo cristal resistente del que están hechas las murallas. Y luce igual de perfecta.

Estoy ansioso por explorar los alrededores. Esperamos unos minutos y no puedo aguantar más. Cerca de nosotros hay una escalinata, construida dentro de la gran muralla de la ciudad. Simplemente *tenemos* que subir y dar un vistazo.

Nos tomó mucho más tiempo del que pensábamos llegar al final de la escalera. No tengo idea de cuánto hemos subido, pero cuando finalmente llegamos al tope, estoy sin aliento.

La muralla es mucho más ancha de lo que yo pensaba, pero luego recordé cuanto tiempo nos tomó caminar a través del túnel debajo de ella. Salimos por encima de la muralla, y esta es como una plaza de armas, excepto que en vez de estar hecha de grama o de tierra, la superficie es de la misma piedra transparente que conforma la base de la muralla. También tiene diseños geométricos hechos de piedras de colores brillantes incrustados en su superficie. Es muy hermoso.

Nos detenemos y miramos hacia la ciudad, y notamos que está construida en varios niveles, uno encima del otro. Cada nivel tiene sus propias bases y murallas. El nivel más bajo es el más ancho, y cada nivel superior es ligeramente más pequeño que el anterior. Se yergue a tal altitud que no alcanzo a ver la cima.

Cruzamos la muralla hacia el borde exterior. La vista es increíble. Podemos ver la pradera que cruzamos para llegar a la ciudad. Hay bosques, valles y riachuelos bajo nosotros. Me pregunto si el Jardín del Edén lucía tan hermoso como lo que estamos viendo.

Mientras miramos el paisaje desde la muralla, escuchamos la voz de alguien detrás de nosotros.

—Ya veo que no pudieron resistirse y vinieron a observar el paisaje —nos dice—. Es muy hermoso, ¿verdad?

Nos volvemos y observamos a una mujer algo pequeña, de mediana edad, vestida con una simple túnica de color gris. Tiene un rostro amable que me recuerda a mi madre.

—Caminemos a lo largo de la muralla, mientras conversamos—dice ella. Ella camina del lado izquierdo, el lado de la pradera, y la ciudad se encuentra a nuestra derecha.

Motivados a orar

— ¿Cuál es su mayor deseo? —nos pregunta—. ¿Cuál es el deseo más profundo de su alma, la razón por la que creen que fueron puestos en la Tierra?

Sus palabras flotan el en el aire por un instante. Comienzo a pensar mi respuesta, pero antes de que pudiera articular una palabra, ella continúa hablando.

—Viví la primera mitad de mi vida con ese sueño sin cumplir. Y temí que quizás nunca se cumpliera. ¿Qué debemos hacer en una situación como esa?

Nuevamente nos hace una pregunta que nos pone a pensar. Y nuevamente, antes de que podamos responder, ella habla.

—Soy Ana —nos dice—, y quiero explicarles algunas cosas importantes sobre las promesas que le hacemos a Dios.

"Mucha gente le promete cosas atrevidas a Dios en momentos de presión o desesperación".

—Lo sé porque soy una de ellas. Saben, todos los días, año tras año, Penina, la otra esposa de Elcana, me humillaba porque ella tenía hijos y yo no. Eso me destrozaba y me enfermaba. A veces me sentía tan mal que no podía ni comer. En medio de mi desesperación, le prometí a Dios que si me daba un hijo yo se lo entregaría a Él. Y no solo eso, sino que se lo entregaría como Nazareo, uno apartado de todos los demás.

"A veces, cuando estamos desesperados y le prometemos cosas a Dios, creemos que necesitamos mejorar el trato para hacer que Dios nos dé lo que queremos. Eso fue lo que yo hice. Creía que Dios no podría resistirse a un trato así. Pero Dios no puede ser sobornado. Él no necesita nada de lo que nosotros podemos ofrecer. Cuando Dios nos concede una petición, es para nuestro beneficio, no el suyo".

"Mucha gente experimenta una sensación de alivio después de orar".

—Después de haber orado en el Templo pidiéndole un hijo a Dios, y de que Elí oró por mí y me bendijo, me sentí mejor. Ya no sentía el profundo dolor de antes y finalmente pude comer de nuevo.

"Muchos utilizan la oración como una forma de liberar tensiones. Oran y se sienten aliviados. Cuanto más grande es la presión, más desesperada es la oración, y mayor el alivio cuando se liberan de la carga. Pero la oración es más que una manera de liberar tensiones: es una forma mental o espiritual de aliviar la presión. Es una interacción con el Dios viviente del universo, el Autor de todas las cosas. ¡Nunca debemos olvidar eso, ni darlo por sentado!

"Algunos olvidan su promesa cuando la presión ha cesado".

—¿Cuántas plegarias desesperadas hemos hecho en la vida? ¿Cuántas promesas le hemos hecho a Dios cuando nos sentimos atemorizados, culpables, enfermos o con el espíritu quebrantado? Aun el escéptico más recalcitrante ora cuando se encuentra lo suficientemente desesperado. Pero, ¿cuánta gente olvida sus oraciones cuando dejan de estar asustados o turbados? ¿Cuántos olvidan al Dios que los ha ayudado, luego de que los momentos de peligro o aflicción han pasado?

"Cuando supe que estaba embarazada, mi corazón saltó de gozo. El sueño de toda mi vida finalmente se hacía realidad. Finalmente podía ver a Penina con la frente en alto. Finalmente podía ver gozo y amor en los ojos de Elcana en vez de lástima. ¡Finalmente me convertiría en madre!

"Sabiendo eso, ¿cómo podía olvidar al que lo había hecho posible? Yo no olvidé la promesa que le había hecho a Dios. Y si usted le ha prometido algo a Dios, tampoco debe hacerlo".

"Poca gente llega hasta el final y cumple su promesa a Dios".

—Cuando oramos por algo y le hacemos una promesa importante a Dios y Él la cumple, tenemos que tomar una importante decisión. ¿Cumpliremos nuestra promesa?

"Cuando di a luz a Samuel, no sabía si Dios algún día me concedería otro hijo. En verdad temía que no. Y comencé a pensar: *¿Qué ocurrirá conmigo? Si cedo a Samuel, ¿quién cuidara de mí cuando sea anciana, después de la partida de Elcana? Con toda seguridad, los hijos de Penina no moverán un dedo para ayudarme.*

"Sabía que tenía grandes posibilidades de convertirme en una viuda desamparada. *¿Nos exige Dios que cumplamos promesas que nos obligan a atravesar circunstancias tan difíciles?*, me pregunté. *¿No puede hacer excepciones?* A esa pregunta solo podía darle una respuesta: *Dios bendice las promesas que le cumplimos.*

Lecciones de vida de Ana

Ana deja que asimilemos sus palabras mientras avanzamos como dando un paseo. Su manera pausada de hablar pareciera ir acorde con nuestros pasos. No está apresurada. Habla con la seguridad de una profesora experimentada, cuyo tono dice que tiene en su corazón la mejor intención para nosotros y quiere estar segura de que aprendamos una lección importante.

Comienzo a pensar en aquellos momentos de mi vida en que le hice promesas a Dios bajo presión, pero antes de que pudiera reflexionar en ello, Ana habla de nuevo:

"Cuando cumplimos las promesas que le hacemos a Dios, Él nos bendice con gozo".

—Cuando quedé embarazada, estaba eufórica. No puedo explicar con palabras lo que significaba tener un bebé creciendo dentro de mí, cuando había estado tanto tiempo desesperada por tener uno. Durante nueve meses me pregunté: ¿Será una niña con la que podré quedarme? ¿O será un varón que tendré que consagrar a Dios? Admito que tenía sentimientos encontrados. Todas las mujeres de mi época querían tener un hijo varón que perpetuara el apellido familiar y pudiera sustituir a su padre cuando este se hubiera ido con el Señor. Pero también sabía que si Dios me daba una niña, podría quedarme con ella.

"Cuando nació mi Samuel, estaba muy feliz. Pero también sabía lo que eso significaba. Mi hijo era solo un préstamo, él le pertenecía a Dios. Sabía que debía cumplir. Lo consagraría a Dios, y no solo como dictaba la ley a través de un sacrificio simbólico por él. Realmente se lo entregaría a Dios. Después de que Samuel fue destetado, se lo entregué a Elí en Silo para que sirviera en su casa todos los días de su vida. Dios lo aceptó, aunque no era de la tribu de Levi, la tribu de los sacerdotes.

"Les aseguro que sentí alivio y gozo el día que Elí oró por mí en el templo, y que sentí gozo el día que supe que estaba encinta. Y, aunque ustedes no lo crean, sentí casi el mismo gozo el día que partí de la casa de Dios dejando a mi hijo al cuidado de Elí. Pocas cosas en esta vida son recompensadas con tanto gozo como obedecer a Dios con alegría".

"Cuando cumplimos nuestra promesa con todo nuestro corazón, Dios nos bendice con algo a cambio".

—Cuando le entregué mi hijo Samuel a Dios, no sabía lo que me deparaba el futuro. Pero Dios fue bueno conmigo. Me bendijo con tres hijos y dos hijas más. Viví una vida satisfactoria como madre, abuela y bisabuela.

"Dios siempre nos da algo a cambio cuando nosotros le damos algo a Él. Él no nos promete devolvernos algo igual. Nunca me dijo que me daría otro hijo para sustituir al que yo le di. Pero Dios siempre da cualquier cosa a cambio. Nosotros no podemos dar más que Dios.

"Cuando cumplimos nuestras promesas por nuestras razones, Dios bendice a otros por las razones suyas".

—Mi oración a Dios fue muy personal. Yo quería vivir la experiencia de dar a luz y criar mi bebé. Quería tener la satisfacción de ser madre. Y la promesa que le hice también fue personal. Pero Dios tomó algo mío, personal y lo utilizó como un regalo para bendecir a otros:

> *"Dios bendijo a mi amado esposo Elcana con más hijos e hijas.*
>
> *"Dios bendijo a Elí con un buen 'hijo' y un heredero espiritual, para remplazar a sus dos hijos malvados.*
>
> *"Dios bendijo a Samuel, permitiéndole convertirse en un verdadero sacerdote y profeta que sirvió a Dios fielmente durante toda su vida.*
>
> *"Dios bendijo a todo Israel, porque sus hijos disfrutaron de uno de los mejores líderes de su historia.*

"Nunca dudé de la soberanía de Dios, pero tampoco tenía idea de cuánto podía hacer Dios con un sencillo acto de obediencia de mi parte.

"Nunca subestimen a Dios. Ustedes no tienen idea de cuantas bendiciones Él derramará sobre otros cuando usted cumpla la promesa que le hizo. Su obediencia agradecida no es solo una prueba de su amor por Dios, también le permite a Él utilizarlo a usted para bendecir a otros y hacer su voluntad.

La oración de Ana

Ana se detiene y se pone frente a nosotros. Con sus manos, toma una mano de cada uno de nosotros.

—Elí oró por mí hace muchos años —nos dice—, y ahora al igual que él yo oraré por ustedes.

Con voz fuerte y confiada, dice:

"Oh Señor, nuestro Proveedor:
No permitas que mis amigos olviden las promesas que te han hecho. Cuando tú les concedas los deseos de su corazón, hazles recordar sus promesas y dales el amor y la voluntad que necesitan para cumplir esas promesas. Y que otros sean bendecidos abundantemente gracias a la obediencia agradecida y alegre de estas personas hacia ti. Amén.

Ana exuda una silenciosa confianza mientras nos sonríe.

—Ahora irán al segundo nivel de la ciudad para encontrar a la siguiente persona. En vez de bajar al sitio de donde vinieron, sigan caminando en esta dirección a lo largo de la muralla, y encontrarán un puente a la derecha. Crúcenlo y llegarán al centro de la ciudad. Ella los estará esperando al final del puente.

Con esas palabras, soltó nuestras manos y nos señaló el camino que debíamos seguir.

Lecciones de liderazgo de Ana

Mientras caminamos en la dirección que nos indicó Ana, reflexionamos en sus palabras y en la sabiduría que contienen. Reconozco que en ellas también hay lecciones de liderazgo:

1. Cuando somos fieles a Dios, Él lucha por nosotros

Cuando Ana dejó a Samuel en la casa de Dios, no se entristeció, sino que celebró. Su oración comienza con las siguientes palabras:

> *"Mi corazón se alegra en el Señor; en él radica mi poder. Puedo celebrar su salvación y burlarme de mis enemigos".*[10]

¿Por qué estaba tan feliz? Ciertamente su fidelidad a Dios le había producido una gran satisfacción. Pero había otra razón. Ella reconocía que Dios había luchado por ella, como siempre hace con aquellos que le son fieles. En su oración, ella habla de Dios destruyendo las armas de los fuertes y otorgándole fuerza a los débiles, alimentando a los hambrientos y dándole hijos a los estériles. Ella resume su punto de vista cuando dice:

"El Señor destrozará a sus enemigos; desde el cielo lanzará truenos contra ellos. El Señor juzgará los confines de la tierra, fortalecerá a su rey y enaltecerá el poder de su ungido".[11]

Dios luchó por Ana, y quiere luchar por usted. Como líder, permanezca fiel a Dios, ya que eso lo convierte en candidato para recibir su favor.

2. Cuando somos fieles a Dios, Él también bendice a la congregación.

Después de que los hebreos llegaron a la Tierra Prometida y Josué murió, los gobiernos de Israel fueron inconsistentes. Los Jueces registran que de vez en cuando se alzaba un buen líder, como en el caso de Débora o Gedeón. Pero, la mayoría de las veces los jueces eran débiles o no existían. Como resultado, el pueblo de Israel no fue fiel a Dios, y sus enemigos lo dominaron. Las últimas palabras registradas en el libro de Jueces describen la situación en la época de Ana: "En aquella época no había rey en Israel; cada uno hacía lo que le parecía mejor".[12]

Incluso la dirigencia del tabernáculo de Dios era caótica. Elí fue un sacerdote fiel, pero no fue un buen líder. Sus dos hijos corruptos violaron los preceptos de Dios para los levitas, y Elí no hizo nada al respecto.

En medio de este ambiente falto de liderazgo, apareció Samuel, gracias a la promesa cumplida de Ana. Samuel era fiel a Dios y no pasó mucho tiempo antes de que su influencia aumentara y el pueblo de Israel recibiera bendición. Las Escrituras dicen:

> "Mientras Samuel crecía, el Señor estuvo con él y confirmó todo lo que le había dicho. Y todo Israel, desde Dan hasta Berseba, se dio cuenta de que el Señor había confirmado a Samuel como su profeta. Además, el Señor siguió manifestándose en Silo; allí se revelaba a Samuel y le comunicaba su palabra".[13]

Samuel se convirtió en la voz de Dios para el pueblo. Él los dirigió y los aconsejó. Durante su vida ayudó a establecer reyes y ayudó a Israel a vencer a sus enemigos. Samuel cumplió muchos roles a lo largo de su vida, y todos ellos fueron de influencia. La obediencia de Ana tuvo una gran influencia durante muchas generaciones en Israel.

3. Cuando somos fieles a Dios, Él multiplica nuestra influencia

¿Qué hubiese ocurrido si Ana hubiese decidido quedarse con Samuel? ¿O si Elcana no hubiese dicho "Con tal de que el Señor cumpla su palabra"[14] cuando Ana le comunicó su intención de entregar a Samuel a Dios, después de que fuera destetado? Solo Dios sabe. Pero sí sabemos esto: todo el pueblo de Israel se benefició cuando Ana cumplió fielmente su promesa. Los israelitas se enfrentaron a los Filisteos, que querían esclavizarlos. Samuel los exhortó a abandonar la idolatría. Y David fue ungido como rey de Israel y unificó las tribus en una nación única y poderosa.

Cuando vemos que Ana sacrificó a su propio hijo para cumplir con el propósito más grande de Dios, nos damos cuenta de que la gente del Antiguo Testamento recibió un adelanto de lo que Dios tenía pensado hacer: dar a su propio Hijo por nosotros.

Si usted es madre o padre, necesita entender que su hijo podría ser el próximo Samuel. Usted no tiene idea de lo que Dios puede hacer con sus hijos. Así que críelos bien. Enséñeles el camino por el que deben transitar. Y libérelos para que cumplan el propósito que Dios les dio cuando llegue el momento.

De mujer a mujer

A mí me encanta el nombre Ana y su historia. Resulta que a mis padres también, ya que me llamaron Ana por el personaje bíblico. Solo tengo trece años y no tengo mucha experiencia en eso de hacerle promesas a Dios. Pero el año pasado, cuando mi padre se puso muy enfermo, oré con desesperación. Realmente quería que mi oración fuera respondida, y no pararía de orar. Creo que mi persistencia me hizo un poco como esa Ana.

Ana oró y, en su desesperación, le hizo una promesa a Dios. Durante años, ella no pudo tener hijos, y la otra esposa de Elcana se lo recordaba con frecuencia. También hizo la promesa para que Dios le prestara atención. Creo que Ana probablemente pensó que su promesa haría el trato un poco más atractivo.

La primera lección que aprendí de Ana es que debo colocar a Dios en primer lugar en mi vida, por muy difícil que sea. La segunda lección es que solo Dios puede satisfacer mis necesidades más profundas. Siempre que necesite hacerle una promesa a Dios, recordaré a Ana y trataré de vivir de acuerdo a mi nombre.

—Ana Maxwell

Preguntas para reflexionar y discutir

Para saber más sobre Ana, lea 1 Samuel 1:1, 2:21

1. Penina siempre hacía sentir mal a Ana. ¿Alguna vez se ha encontrado en una situación en la que alguien lo ha menospreciado alegando que le falta alguna cualidad, posesión o ventaja que él o ella si tiene? ¿Cómo lo hizo sentir esa experiencia? ¿Cómo reaccionó?

2. Cuando se siente desanimado y alguien intenta animarlo como Elcana trató de hacer con Ana, ¿eso le ayuda? ¿Cómo responde usted normalmente? ¿Por qué reacciona de esa manera?

3. ¿Tiene usted algún deseo profundo de algo, similar al deseo de Ana de tener un hijo? ¿Cuál?

4. ¿Qué significaría para usted que Dios cumpliera su deseo?

5. ¿Alguna vez le ha hecho una promesa a Dios en medio una dificultad o aflicción? Si es así, ¿qué fue? ¿Cumplió su promesa, decidió no continuar, o se olvidó de ella cuando era el momento de cumplirla? Explique.

6. ¿Hay alguna promesa que Dios le esté recordando en este momento? Si es así, ¿está dispuesto a cumplirla finalmente?

7. ¿Cómo pueden ayudarle los demás en su esfuerzo de ser fiel a Dios?

ABIGAÍL

Una sola acción sabia puede cambiar su destino

Caminamos a lo largo de la muralla, y no pasa mucho tiempo antes de que veamos el puente a nuestra derecha. Es extraordinario. Fue construido en un gran arco largo y elegante, que salva la distancia entre la parte superior de la muralla y el segundo nivel de la ciudad. Podemos ver que el puente no fue fabricado del mismo material de la muralla, pero en la distancia es difícil distinguir el verdadero color. Mientras nos acercamos, notamos que la estructura no es de un solo color. Tiene capas de diferentes colores (púrpura, rosado, anaranjado, amarillo y blanco) Los colores y el diseño me recuerdan a una hermosa geoda que vi en un museo, con su diseño de múltiples capas de cristal. Alguna de las capas son anchas, otras angostas, y otras parecen estar perfectamente derechas y niveladas.

Cuando finalmente llegamos al puente nos percatamos de cuán ancho es. Podrían cruzarlo cuatro o cinco automóviles, uno al lado del otro. Se eleva un poco en su parte central. Al cruzar el puente, podemos observar la curva de la superficie, que expone las bandas de piedras de diferentes colores. Son espectaculares. Y luego me doy cuenta de que no hay juntas ni uniones visibles en ninguna parte del puente. ¡Toda la estructura fue extraída de una enorme piedra!

Estoy tan distraído que casi tropiezo con una pareja que viene caminando en dirección opuesta. La mujer usa un extraño vestuario, hecho de un tipo de tela brillante. Sus zapatos son transparentes. El hombre lleva solo un taparrabos y camina descalzo.

Me disculpo, y vuelvo mi atención hacia adelante. Es allí cuando comienzo a divisar los edificios que se encuentran al final del puente. Relucen. Me doy cuenta de que están hechos de oro.

Aun antes de llegar al final del puente ya la podemos ver. Ella resalta como una gema engastada en oro, como una hermosa amatista. Lleva una larga túnica de color violeta intenso. Está erguida. La palabra que me viene de inmediato a la mente es *dignificada*. Cuando nos acercamos lo suficiente, podemos notar que lleva un collar de oro y anillos en sus dedos. También lleva peinetas decoradas con joyas en su cabello. Pero esto no es nada en comparación con su belleza. Con toda seguridad, esta mujer debe ser una reina.

—Los saludo, mis amigos —dice ella. Su voz es tan hermosa como una melodía—. Estoy encantada de conocerlos y esperaba con ansias nuestro encuentro.

¿Podemos caminar? —pregunta amablemente, pero su confianza y su tono no dejan espacio para otra respuesta que no sea sí.

—Mi padre pensó que me estaba haciendo un favor cuando arregló mi matrimonio con un hombre acaudalado y bien posicionado, cuya casa era enorme. Pero se trataba de un hombre cruel, avaro y con un ego ilimitado. Yo y todos los demás sufríamos debido a su falta de visión y de liderazgo.

Durante años, hice todo lo que pude para tratar de ayudarlo y persuadirlo, pero nada funcionó. Me resigné a aceptarlo y sacar lo mejor de esa situación. Pero Nabal hizo algo que era insensato, hasta para sus propios estándares. Insultó a David, el ungido de Dios, y trató a sus hombres con desprecio. Nos condenó. Puso toda nuestra casa en una situación en la que no teníamos posibilidades de ganar. Pero les aseguro algo —dice haciendo una pausa para añadir énfasis—, *una sola acción sabia puede cambiar nuestro destino.*

Cuando la sabiduría y la acción van de la mano

La esposa de Nabal. Esta no es otra sino Abigaíl. No es de extrañar su manera de hablar, con autoridad, y su inteligencia. Su sabiduría en una situación extremadamente difícil fue excepcional. David envió diez hombres jóvenes a pedirle alimentos a Nabal durante la celebración de la esquila de ovejas, ya que los hombres de David habían protegido a los pastores de Nabal. Pero Nabal respondió:

> "¿Y quién es ese tal David? ¿Quién es el hijo de Isaí? Hoy día son muchos los esclavos que se escapan de sus amos. ¿Por qué he de compartir mi pan y mi agua, y la carne que he reservado para mis esquiladores, con gente que ni siquiera sé de dónde viene?"[15]

Los insultos de Nabal enfurecieron a David, quien respondió ordenando a cuatrocientos de sus hombres de guerra más fuertes que se armaran y viajaran a Maon, cerca de Carmelo, donde vivía Nabal. Pero la sabiduría y gracia de Abigaíl frente al peligro, fueron excepcionales.

Abigaíl tuvo la sabiduría de escuchar a los jóvenes pastores

La historia de lo que había sucedido entre Nabal y los hombres de David llegó hasta Abigaíl a través de un joven pastor que gozaba de la protección de David. Él sabía lo fuertes que eran David y sus hombres y advirtió a Abigaíl de un desastre inminente.

De forma inteligente, Abigaíl no desdeñó lo que había dicho el pastor porque este era joven o de estatus bajo. Ella asimiló sus palabras y evaluó rápidamente la situación que toda su casa enfrentaba.

Abigaíl tuvo la sabiduría de actuar inmediatamente

Muchas personas, al enfrentarse al verdadero peligro, se paralizan de miedo. Pueden caer en la indecisión o congelarse completamente. Pero eso no le ocurrió a Abigaíl. Las Escrituras dicen:

> "Sin perder tiempo, Abigaíl reunió doscientos panes, dos odres de vino, cinco ovejas asadas, treinta y cinco litros de trigo tostado, cien tortas de uvas pasas y doscientas tortas de higos. Después de cargarlo todo sobre unos asnos, les dijo a los criados: 'Adelántense, que yo los sigo'. Pero a Nabal, su esposo, no le dijo nada de esto".[16]

Abigaíl sabía que David necesitaba alimentos y suministros, ya que eso era lo que había mandado a pedir con sus hombres. Así que juntó unas provisiones rápidamente, probablemente de lo que su esposo tenía dispuesto para su propia celebración, y los envió delante de ella, de una manera parecida a la manera como Jacob había enviado presentes a su hermano Esaú antes de cruzar el río Jordán y enfrentarlo.

Abigaíl tuvo la sabiduría de actuar con humildad

Abigaíl no tenía la culpa de las acciones insensatas de su esposo, pero se humilló inclinándose ante David y, postrándose rostro en tierra, le dijo: "Señor mío, yo tengo la culpa. Deje que esta sierva suya le hable;

le ruego que me escuche. No haga usted caso de ese grosero de Nabal, pues le hace honor a su nombre, que significa "necio". La necedad lo acompaña por todas partes. Yo, por mi parte, no vi a los mensajeros que usted, mi señor, envió".[17]

Abigaíl captó la atención de David con su humildad y sumisión. Quizás algunas de las palabras que David escribió en los Salmos:

> "El Señor protege a los dignos de confianza, pero a los orgullosos les da su merecido",[18]

fueron inspiradas por las palabras y acciones humildes de Abigaíl, y los sucesos posteriores.

Abigaíl tuvo la sabiduría de ponerle las cosas en perspectiva a David

Una vez que Abigaíl logró captar la atención de David y disminuir su furia, proveyendo alimentos para él y sus hombres, habló con gran sensatez y claridad, ayudando a David a ver las cosas desde la perspectiva de Dios, diciendo:

> "Ciertamente, el Señor le dará a usted una dinastía que se mantendrá firme, y nunca nadie podrá hacerle a usted ningún daño, pues usted pelea las batallas del Señor. Aun si alguien lo persigue con la intención de matarlo, su vida estará protegida por el Señor su Dios, mientras que sus enemigos serán lanzados a la

destrucción. Así que, cuando el Señor le haya hecho todo el bien que le ha prometido, y lo haya establecido como jefe de Israel, no tendrá usted que sufrir la pena y el remordimiento de haberse vengado por sí mismo, ni de haber derramado sangre inocente".[19]

David recordó de inmediato su verdadera misión y reconoció la verdad en las palabras de Abigaíl.

Abigail tuvo la sabiduría de pedir el favor de David

Los objetivos principales de Abigaíl eran salvar a la gente de su casa de la destrucción y disuadir a David de vengarse, para que no desviara su atención de su misión divina, que era pelear las batallas de Dios. Pero ella no se detuvo ahí. Pidió el favor de David, diciéndole: "Acuérdese usted de esta servidora suya cuando el Señor le haya dado prosperidad".[20]

Quizás Abigaíl sabía que la falta de juicio y la maldad de su esposo inevitablemente la meterían en problemas, y estaba haciendo planes para cuando ese momento llegara. En todo caso, David reconoció su inteligencia y su valor, y también que Dios la había enviado para cambiar su corazón.

No es de extrañar entonces que cuando David se enteró, unos días después, de que Nadal había muerto, reconoció nuevamente: "¡Bendito sea el Señor, que me ha hecho justicia por la afrenta que recibí de Nabal! El

Señor libró a este siervo suyo de hacer mal, pero hizo recaer sobre Nabal su propia maldad".[21] David envió a buscar a Abigaíl inmediatamente, y le preguntó si quería ser su esposa.

Lecciones de vida de Abigaíl

Cuanto más pienso en la historia de Abigaíl, más me sorprende. No puedo contenerme, y siento que debo decírselo.

—Tú demostraste grandes características de líder —le dije—. Con una sola acción, hiciste muchas cosas. Salvaste tu casa. Evitaste el derramamiento de sangre que pudo haber ocurrido entre David y sus hombres y la familia de Nabal, en la tribu de Caleb. Y evitaste que el ungido de Dios se desviara de su llamado.

Abigaíl me observa y responde:

—Es cierto. También cambié mi destino y el de mis futuros hijos. Estaba protegida, mis hijos fueron descendencia de un hombre de Dios, y tuve el honor de servir como reina de Israel. Y hay algunas cosas que se pueden aprender de todo esto.

"La sabiduría combinada con acción da buenos resultados".

— ¿De qué vale la sabiduría sin acción? Es como una joya que se deja sepultada en la tierra, un regalo entregado con esmero que se deja sin abrir, o una comida bellamente preparada y presentada que se deja sin comer. Es un desperdicio terrible. Como resultado de esa combinación, nada se hace y nada cambia.

"¿De qué vale la acción sin sabiduría? Es como una tormenta que azota el mar con mucho poder, pero que no hace nada positivo o constructivo. En el mejor de los casos, lleva a una vida trepidante y sin sentido. Y en el peor, conlleva destrucción.

"Pero cuando sabiduría y acción van de la mano, se pueden salvar familias, vencer ejércitos hostiles y unir a los enemigos. Se puede cambiar el mundo. Una de las cosas que hizo grande a mi esposo David, fue la frecuencia con la que combinaba la acción y la sabiduría, y dejaba que el amor fuera su guía".

"Cuando actúe, haga lo correcto, de la manera correcta".

—Cuando me postré a los pies de mi señor David, hice lo correcto. Las acciones de Nabal habían sido estúpidas y malvadas, pero no habían violado la ley de Dios de una forma que mereciera una sentencia de muerte. Cuando intervine en su nombre, no solo salvé a Nabal y la gente de nuestra casa, sino que también evité que David cometiera un grave error.

"Supongo que pude haber mostrado mi indignación. Pude haberle dado un sermón a David y citado la Ley. Pero incluso hacer lo correcto de la manera equivocada puede llevar al desastre. No, que yo tuviera la razón no significaba que tuviera la libertad de actuar equivocadamente. Como el ungido de Dios, David merecía mi respeto, y yo se lo daba con gusto.

"Dios promete darle sabiduría si usted se la pide, así que pídasela".

—La sabiduría que yo tenía me había sido otorgada por Dios. Era un don que yo no merecía ni me había ganado, pero que me ayudó mucho. Y lo mejor es que Dios se lo puede dar a usted en abundancia como hizo con Salomón, el hijo de David, cuando él se lo pidió. Muchos siglos después de mi tiempo en la tierra, Santiago, el hermano carnal de nuestro Señor Jesús, reveló esta promesa de Dios a la iglesia, cuando les dijo: "Si a alguno de ustedes le falta sabiduría, pídasela a Dios, y Él se la dará, pues Dios da a todos generosamente sin menospreciar a nadie".[22]

Abigaíl hace una pausa y nos mira atentamente.

—Solo los insensatos, como mi primer esposo Nabal, no le piden sabiduría a Dios—dice—. Así que si aún no lo han hecho, ¿qué están esperando?

La oración de Abigaíl

Cuando Abigaíl nos hace esa pregunta, deseamos responderle. Pero antes de que alguno de nosotros pueda hacerlo, ella comienza a caminar nuevamente, y dice:

—Antes de irme, siento la necesidad de orar por ustedes —e inmediatamente comienza—.

"Amado Dios que todo lo sabes y todo lo puedes,

Reconocemos gustosamente que el temor reverente a ti es el comienzo de toda sabiduría, y abrazamos esa verdad con todo nuestro corazón. Te pido que les des a estos hijos tuyos de tu sabiduría para seguirte, para liderar a otros y para cumplir su propósito. Te damos gracias porque a través de nuestras peticiones y actos de obediencia nos permites cambiar la historia, nuestro destino y el de los demás. Que ellos siempre actúen con tu sabiduría. Amén.

Lecciones de liderazgo de Abigaíl

—Para encontrar a su próxima mentora, solo necesitan llegar al final de esta calle —dice Abigaíl, apuntando en la dirección hacia la que estábamos caminando—. Cuando hayan llegado al lugar correcto, lo sabrán.

Ella es tan carismática y sus palabras tan cautivadoras que, mientras caminamos, casi no le he prestado atención a los alrededores. Al mirar hacia donde ella está apuntando, distingo los edificios que se encuentran a ambos lados de la calle. Su brillo y su superficie fulgurante es como la del oro pulido, y su belleza me deja sin palabras. Antes de poder agradecerle a Abigaíl o en realidad poder decirle algo más, ya ella se ha ido.

Al caminar con usted por esta calle, dejando atrás una estructura de oro tras otra, pienso en las lecciones de liderazgo que aprendimos de Abigaíl.

1. Los líderes necesitan tener una perspectiva correcta

Aunque David era un líder poderoso y fue ungido para convertirse en rey, fue Abigaíl quien lo hizo ver las cosas desde la perspectiva correcta. Ella vio el panorama completo. Pensó en las consecuencias de las acciones que David pensaba llevar a cabo. Supo lo que Dios deseaba de ambos en esa situación. Y se proyectó al futuro, no solo por ella misma, sino por los demás.

Si usted es un líder, debe buscar siempre la sabiduría de Dios, medir las consecuencias y tratar de mirar el panorama completo. Además, no puede permitir que sus emociones se interpongan en su buen juicio. Debe mantener la perspectiva. La gente que lo sigue depende de usted.

2. Los líderes deben tomar la iniciativa

Aunque Nabal era la cabeza del hogar, él no era el verdadero líder. Era Abigaíl. Ella entendió que todos estaban metidos en problemas y concluyó sabiamente que si ella no tomaba la iniciativa, el resultado podría ser catastrófico para todos.

Estoy convencido de que los buenos líderes ven las cosas antes que los demás. Esta habilidad es, casi siempre, un don de Dios. ¿Por qué razón Dios nos da esta habilidad? Para que los líderes podamos actuar. Todavía no he visto a un líder efectivo que no tome la iniciativa. Si usted lidera a otros es su responsabilidad conseguir solución a los problemas, conectarse con los demás y conocerlos realmente, reunir un equipo y avanzar con él. Estas cosas no suceden por sí solas.

3. Los líderes saben cómo ganarse la totalidad de la persona

Abigaíl fue lo suficientemente sabia para ganarse el corazón, la mente e incluso el estómago de David. Ella sabía que él estaba enfadado y hambriento. Le dio comida a sabiendas de que estaba satisfaciendo las necesidades físicas de él y sus guerreros. Pero también sabía que necesitaba ayudarlo a sentir las emociones correctas. Ella deseaba que sintiera compasión en vez de ira. Al humillarse, lo ayudó a calmarse y conectó con él. Eso le hizo posible apelar a su sentido común, sus valores, y su amor por Dios. También le describió una imagen de un futuro mejor para él. Es una clase magistral de comunicación. ¿Cómo podía resistirse David?

Cuando usted se comunica con aquellos que desea liderar debe tratarlos de manera similar. Preste atención a sus necesidades físicas. ¿Pueden ellos verlo y escucharlo? ¿Están hambrientos o incómodos? ¿Necesitan un descanso? (ninguna persona que desee comunicar algo puede competir contra necesidades físicas elementales insatisfechas). Cuando ya no existan obstáculos físicos, entonces trate de conectar con ellos. Haga un llamado a su corazón en primer lugar, luego a su mente, valores e intereses. Muéstreles el camino a un futuro mejor para ellos y no solo estarán abiertos a lo que usted tiene que decir, sino también inspirados.

4. Los líderes deben ser audaces

Abigaíl fue humilde cuando se enfrentó a David, pero no fue tímida. Ella se dirigió a él decididamente, lo puso a pensar, y le ofreció una opción diferente y mejor. Eso requirió valor. David era un guerrero poderoso y el líder ungido de Dios. Abigaíl no tenía ninguna posición en lo absoluto. A pesar de eso, ella habló claramente y con resolución. Y eso marcó toda la diferencia. ¿Cuántas vidas salvó en el proceso? David había jurado: "¡Que Dios me castigue sin piedad si antes del amanecer no acabo con todos sus hombres!".[23]

En ocasiones lo único que se interpone entre la gente y una tragedia es la audacia de un líder. Si usted tiene en sus manos la responsabilidad de dirigir a otros, dispóngase a dar un paso al frente y emprender acciones audaces, no para su propio beneficio o gloria, sino por el bien de aquellos que lidera.

Tal vez usted es como Abigaíl. Tal vez es un líder excepcional que no ha sido reconocido aún. O tal vez es alguien que no posee estatus o autoridad oficial. No deje que eso le impida hacer lo correcto. Jamás subestime el poder de una pequeña acción. Ejercite la sabiduría que Dios le ha dado, poniéndola en acción. Es increíble lo que Dios puede hacer con eso.

De mujer a mujer

Cada vez que leo la historia de Abigaíl, me sorprende ver la manera en que ella reaccionó ante la insensatez de su esposo. Siempre estuvo lidiando con su egoísmo, y no encontraba manera de cambiar su corazón. Era difícil mantener el delicado equilibrio de honrarlo como esposo y obedecer al Señor. Si alguien podía haber sentido deseos de venganza, esa era Abigaíl. Y pudo fácilmente haber conspirado con David para matar a su esposo, pero eso no habría sido correcto.

En vez de regodearse en la tristeza que le producía Nabal, ella actuó. Fue a la cocina y preparó una comida deliciosa que envió de inmediato a David. Ella sabía que David tenía mucha hambre y que eso estaba avivando su rencor contra su esposo. La solución que puso en práctica requería su labor manual en la cocina, y la utilización de los abundantes recursos con los que Dios había bendecido a su esposo. Abigaíl sabía que Dios podía utilizar estos alimentos para ayudar a David a ver más allá de su ira y retomar la perspectiva eterna.

La lección que aprendí de Abigaíl como mujer, es que la sabiduría es tan poderosa como las acciones amables que le siguen. Aunque el mundo me empuje en direcciones que se opongan al plan de Dios, puedo trabajar para ser una conciliadora. Jamás debería dudar en enviar el mensaje de la verdad si puedo empaquetarlo con amor y gracia. Cada uno de nosotros puede servir una porción generosa de sabiduría, que dejará a todos deseando más.

—Elisabeth Maxwell

Preguntas para reflexionar y discutir

Para saber más sobre Abigaíl, lea 1 Samuel 25:2-42, 27:3, y 30:5, 2 Samuel 2:2 y 3:3, y 1 Crónicas 3:1.

1. ¿Por qué cree usted que Abigaíl fue capaz de procesar tan rápidamente las noticias que le dio el joven pastor y tomar la difícil decisión de hacer algo al respecto?

2. ¿Con cuánta rapidez puede usted procesar información y tomar decisiones estando bajo presión?

3. Cuando usted se encuentra en una situación en la que parece no tener salida, como le ocurrió a Abigaíl al casarse con un hombre necio y malvado, ¿cómo reacciona usted normalmente?

4. ¿Alguna vez se encontró en una posición en la que pudo ver que se acercaba una situación adversa? ¿Qué hizo? ¿Cuál fue el resultado?

5. ¿Podría indicar una decisión y acción crucial en su vida que haya cambiado su dirección o destino? ¿Qué lo llevó a tomar esa decisión?

6. ¿Cómo cambió su vida después de eso?

7. En la actualidad, ¿hay alguna decisión que usted cree que Dios le está pidiendo que tome? ¿Qué tipo de sabiduría desea obtener de Dios y de otros creyentes más experimentados?

MIRIAM

No permita que la comparación le robe la alegría

Caminamos por la calle en la dirección que Abigaíl nos indicó. La calle parece ser perfectamente recta y se pierde en el horizonte. Me pregunto cuan larga será. ¿Qué querría decir Abigaíl cuando dijo que sabríamos cual era el lugar cuando lo viéramos?

Recuerdo haber escuchado algo sobre las calles de oro del cielo cuando era pequeño. Mi padre Melvin predicó sobre eso en una ocasión. Pero resulta que esta calle está hecha de piedra, del mismo material del que estaba hecho el puente. Solo las edificaciones son de oro. Las observamos mientras caminamos. Son estructuras de todo tipo de formas, tamaños y estilos. Mansiones georgianas al lado de pagodas, al lado de maravillas geométricas modernas, al lado de cabañas, al lado de haciendas, al lado de estructuras que parecen inspiradas en carpas.

Desacelero un poco para poder verlas todas mientras pasamos, y no puedo evitar pensar que me encantaría que Margaret estuviera aquí conmigo para que también pudiera disfrutarlas.

Después de una caminata de unos quince o veinte minutos, notamos que hay algo como una brecha entre las casas arriba a la izquierda. Al acercarnos, nos damos cuenta de que la abertura es amplia. Cuando llegamos, descubrimos que se trata de uno de los lados de una gran plaza, parecida a un parque. Los otros tres lados están junto a mansiones que ocultan la plaza.

La plaza está llena de camas de exuberantes flores de colores, que forman figuras geométricas. El área está dividida por cercas en miniatura, de quizás un pie y medio de alto. Unos caminos de piedra atraviesan el parque, entre las camas de flores.

En el centro del parque hay un área circular con palmeras. Dentro del círculo hay una piscina de unos treinta metros de diámetro, rodeada por un pequeño muro de piedra. En el centro de la piscina hay una gran fuente con agua brotando de ella. Dispersas por aquí y por allá en la piscina, hay plantas con flores de un azul intenso. Este debe ser el lugar.

El sonido del agua brotando de la fuente es relajante y atrayente. Al acercarnos a la piscina, podemos ver que hay un ancho camino de piedra entre las palmeras y la piscina para que la gente pueda caminar alrededor de ella. Y que hay bancos para sentarse.

El parque parece desierto. Al pasar cerca de la piscina, nos damos cuenta de que las flores azules que están sobre el agua son lotos.

Una mujer se encuentra sentada en uno de los bancos mirando la piscina. Viste una túnica corta de lino blanco, sin mangas, que va sobre uno de sus hombros. Usa un cinto verde alrededor de la cintura. En la parte superior de su brazo derecho lleva una pulsera con engastes de piedras verdes. Usa grandes zarcillos en forma de aro. Su piel está muy bronceada, como si hubiese pasado mucho tiempo bajo el sol.

—Bienvenidos —dice ella cuando nos acercamos—. Vengan y siéntense conmigo.

Nos sentamos, uno a cada lado de ella.

—Vengo aquí con frecuencia —nos dice—. Me es muy familiar: los jardines, las palmeras, los retoños de los lotos. Su aroma me trae recuerdos de mi niñez.

Respiro profundamente. El aire es cálido y seco, y puedo oler el suave aroma de las flores. Me trae vagos recuerdos del viaje que hicimos Margaret y yo al Oriente Medio.

—¿Cómo fue su niñez? —nos pregunta—. Yo fui la hija mayor en mi familia y tuve dos hermanos menores. Mi nombre es Miriam, y mis dos hermanos menores son Aarón y Moisés.

¡Miriam! Trato de imaginar cómo será ser hermano mayor de Moisés.

—Yo crecí como esclava —dice—, así que la vida fue dura para mí. Pero teníamos buenos momentos. Nuestros padres eran muy amorosos, pero normalmente estaban tan cansados al regresar a casa que yo los cuidé más de lo que ellos me cuidaron a mí. Solía cantarles para animarlos. Y todo el tiempo le cantaba a Moisés cuando era un bebé después de que regresó a nosotros. Mi madre lo puso en una cesta sobre el río cuando era un bebé, pero cuando la hija del Faraón lo encontró, lo adoptó. Yo estaba muy orgullosa de ser la persona escogida por mi madre para cuidar a Moisés hasta que fue destetado. A decir verdad, yo fui la que mantuvo a la familia unida durante esos años. Yo cuidaba la casa. También era yo la que cuidaba a Aarón cuando era pequeño. Y la época en la que mi madre cuidó de Moisés, antes de que fuera a vivir en el palacio, fue una época muy especial para nuestra familia, porque estábamos todos juntos y mi madre no tenía que trabajar bajo el sol ardiente.

Miriam hace una pausa. Parece estar pensando.

—Yo era la hermana mayor en la que todos podían confiar. Era un papel que me encantaba. Fue muy satisfactorio para mí poder cuidar de todos. Pero más tarde, cuando Moisés regresó del exilio y nos sacó a todos de Egipto, las cosas cambiaron. Yo sentía que había perdido mi rol en la familia, y eso me hizo infeliz. Me imagino que algunas personas deben aprender las lecciones de la manera difícil, y yo fui una de ellas. Pero ustedes no tienen por qué serlo. Ustedes pueden aprender de mis errores, dice ella con vehemencia. *No dejen que la comparación les robe la alegría.*

"No es fácil pasar de ser una líder que todos admiran a estar relegada al último lugar. Toda mi vida yo había sido una líder. Aarón era complaciente y fácilmente influenciado por los demás. Moisés se había ido durante mucho tiempo, antes de regresar y sacarnos de Egipto. Cuando regresó la primera vez, yo estaba muy emocionada. Dios finalmente había respondido nuestras plegarias. Éramos libres. Y el día en que Dios ahogó el ejército egipcio en el fondo del mar Rojo, fue uno de los días más grandiosos para nuestro pueblo. En esos días Dios me habló y no podía contenerme. Me sentí *movida* a elevar alabanzas. Las palabras fluían de mí como si Dios mismo me las hubiese dado. Y todas las mujeres de Israel me acompañaron y cantaron conmigo para celebrar la bondad de Dios. Fue uno de los mejores momentos de mi vida.

"Pero ese gozo no permaneció conmigo mucho tiempo. Con frecuencia me sentía infeliz. Comencé a compararme con Moisés. Yo también era profetisa, Dios me había hablado. ¿Por qué él acaparaba toda la atención? Era como si una semilla de maldad hubiese sido plantada en mí, la cual yo regaba y hacía crecer en mi alma. Y allí comenzaron mis problemas. Si ustedes se comparan con otros, les ocurrirá lo mismo.

"La comparación hace que nos deleitemos buscando las fallas de otros".

—Cuando me comparaba con mi hermano menor y sentía que él era mejor, me carcomía el resentimiento. La comparación se convirtió en celos. Los celos llevaron a la infelicidad. Eso incrementó mi ira e hizo que mi actitud fuese mucho más negativa, pues me convertí en una persona más amargada.

"Así que empecé a buscar motivos para criticar a mi hermano. Pero el tiempo que Moisés había pasado en el exilio lo había convertido en una persona humilde. Cualquier tipo de orgullo que hubiese tenido alguna vez, se había ido. Ahora era una persona amable y de dulce hablar. Y cada cosa que Dios le pedía, él la realizaba.

"Me avergüenza decir que cuando no pude encontrar ninguna razón legítima para criticarlo, comencé buscarle las cinco patas al gato. Lo mejor que se me ocurrió fue decir cosas maliciosas sobre su esposa, como que ella no era israelita porque era de Cus. Cuando una persona se posa bajo una luz negativa, comienza a tratar de encontrar fallas en los demás.

"La comparación nos lleva a tratar de buscar una atención positiva hacia nosotros".

—Compararnos con los demás es una actividad en la que nadie gana. Siempre habrá personas menos dotadas o talentosas que nosotros. Cuando nos comparamos con ellas, nos sentimos superiores. También hay gente más talentosa o bendecida que nosotros. Cuando nos comparamos con ellos, nos sentimos inferiores. En ambos casos, la comparación nos hace buscar la atención y la aprobación de los demás.

"Dios me bendijo con talento musical y también me hizo profetisa. Pero al compararme con Moisés, eso parecía no ser suficiente. Quería reconocimiento. Así que comencé a quejarme con Aarón, mi otro hermano, y lo arrastré a mi infelicidad. Eso no fue del agrado de Dios, así que me castigó con lepra.

"La comparación daña nuestra relación con los demás".

Aun después de haber sido tan mezquina y negativa con Moisés, él intercedió por mí ante Dios. Eso solo me hizo sentir peor. Él tenía razón y evidentemente yo no. A pesar de todo él me amaba y rogó a Dios por mi sanación, y Dios respondió su oración. Pero la verdad es que aunque Moisés aún me amaba, creo que siempre se preguntó después de eso si podría confiar plenamente en mí. Siempre lo lamenté.

"La comparación debilita nuestra utilidad para Dios".

—En conclusión, cuando usted desea dones, favores, posición u oportunidades de alguien más, se olvida de los dones, favores, posición y oportunidades que Dios le ha dado. Dios quería usarme, pero me había olvidado tanto de lo que podía hacer que nunca alcancé todo mi potencial, y los celos acabaron con mi dicha. No caiga en esa trampa. No permita que eso le ocurra.

Lecciones de vida de Miriam

Los recuerdos de esa época nublaron la expresión de Miriam. Quizás desde la perspectiva del cielo fue doloroso para ella recordar la insensatez y la falta de visión que mostró cuando estaba en la tierra. Si ese fue el caso, el instante parece haber pasado, porque ahora nos sonríe y las líneas de tristeza en su rostro se han transformado en expresión de risas.

—De los errores de los demás se aprende —dice ella palmeándonos en el brazo a cada uno—. He aquí cuatro cosas que pueden aprender de mi experiencia:

"Que seamos capaces de hacer algo no significa que hayamos sido llamados a hacerlo".

—Dios nos da muchos talentos y habilidades. Se los da a cada ser humano en quien haya insuflado vida. Algunos de esos talentos son grandiosos, otros no tanto. Algunos tienen que ver con su pasión, otro no. Algunos lo llevan directo a su propósito, otros lo alejan de él. Usted debe elegir. Que usted *pueda* realizar algo, no significa automáticamente que *deba* hacerlo. No permita que el deseo de hacer algo que usted puede hacer le impida hacer aquello que es lo mejor.

"Solo debemos compararnos a una persona".

—Durante mucho tiempo me comparé con los demás. Me comparé con mi madre, con otras chicas que vivían cerca de mi casa, con otras mujeres de la comunidad. Y por supuesto, también me comparé con mis hermanos. Todas esas comparaciones fueron un error.

"¿Con quién debí haberme comparado? Conmigo misma. La única comparación que vale la pena hacer es la comparación entre la persona que usted es y la persona que Dios le ha llamado a ser. Hay dos aspectos fantásticos en relación con esto. Primero, Dios no nos condena cuando no alcanzamos la meta. Y segundo, Él nos ha dado las herramientas para llegar a ser realmente esa persona. Solo necesitamos seguir trabajando para lograrlo.

"Debemos encontrar la dicha en el rol que Dios nos ha dado".

—Cuando le hablé mal de Moisés a Aarón, lo hice porque sentía que no estaba recibiendo el reconocimiento que merecía por mi función como una de las líderes de Israel. Cuando Dios me reprendió, fue por causa de mis celos. Él dijo:

> "Escuchen lo que voy a decirles: Cuando un profeta del Señor se levanta entre ustedes, yo le hablo en visiones y me revelo a él en sueños. Pero esto no ocurre así con mi siervo Moisés, porque en toda mi casa él es mi hombre de confianza. Con él hablo cara a cara, claramente y sin enigmas. Él contempla la imagen del Señor. ¿Cómo se atreven a murmurar contra mi siervo Moisés?".[24]

—Moisés tenía lo que yo quería. Dios *me habló* en sueños, pero yo deseaba la intimidad que Él tenía con mi hermano.

"Ustedes saben los roles que Dios les ha dado. O al menos espero que así sea. Sean felices con ellos y cúmplanlos lo mejor que puedan. No lleguen al fin de sus días deseando haber sido otra persona.

"Podemos cambiar una mala actitud por medio de la gratitud".

—Aprendí mi lección en Jazerot. Luego de haber padecido de lepra, estuve siete días en cuarentena fuera del campamento para pensar en lo que había hecho. Tomé la decisión de no dejar que los celos me dominaran nunca más. Cuando estaba tentada, no me permitía comenzar a compararme con los demás. En vez de eso, hacía un recuento de todas las cosas maravillosas que Dios estaba haciendo en mi vida y de todas las cosas que me había dado.

"¿Saben? Esa es la razón por la que Dios le dice a su pueblo que recuerden las cosas que Él ha hecho por ellos. Por eso fue que Él les pidió a nuestros descendientes que recordaran la historia mía, de mis hermanos y de toda la gente que Él liberó de Egipto. Él sabía que si recordábamos seríamos agradecidos. Y cuando somos agradecidos nos convertimos en individuos que Dios puede utilizar para el beneficio de la humanidad y para su gloria".

La oración de Miriam

Al escuchar a Miriam, pienso que las mejores lecciones de la vida las aprendemos a través de nuestros fracasos y pérdidas. El éxito también nos enseña lecciones, pero muchas veces son difíciles de percibir. Las lecciones que nos da el fracaso son mucho más fáciles de encontrar, siempre y cuando tengamos la valentía de buscarlas.

—Dios ha sido tan bueno conmigo —dice Miriam—, que me gustaría orar por ustedes.

"Dios misericordioso que estás en el cielo:
"Nos formaste en el vientre de nuestras madres, y antes de que naciéramos ya sabías de lo que nos habías hecho capaces. Tú sabes de

lo que son capaces mis amigos. Tú sabes lo
que harán. Y no estás decepcionado de ellos.
Enséñales a no compararse con nadie más.
Libéralos de cualquier dolor o limitación del
pasado, como lo hiciste conmigo. Enséñales a
vivir para tu gloria y que siempre estén total-
mente centrados en ti. Amén".

Cuando abrimos los ojos, Miriam está en silencio.
Cuando se da cuenta de que la estamos mirando,
sonríe.

Lecciones de liderazgo de Miriam

—Su próxima cita es con alguien muy especial. Ella ya
espera por ustedes en el próximo nivel de la ciudad. Si
observan las casas de ese lado del parque —dice seña-
lando el lado opuesto al sitio por donde entramos—,
encontrarán una escalinata. Súbanla y allí la verán.

Miriam se levanta.

—Pueden permanecer aquí sentados todo el tiempo
que deseen, pero yo debo irme. Adiós.

Se despide y camina en la dirección de la cual vi-
nimos. Ahora que no estamos concentrados en sus
palabras, podemos sentarnos y disfrutar del paisaje y
la atmósfera de paz. También tomamos tiempo para
pensar en las lecciones de liderazgo que podemos
aprender de la experiencia de Miriam.

1. Debemos reconocer que no todos los líderes fueron creados iguales

Vivimos en una cultura en la que la gente afirma valorar la justicia. Pero, ¿Se ha dado cuenta de que la gente tiende más a buscar que los demás los exalten que a realizar sacrificios personales para ayudar a aquellos menos privilegiados que ellos? Esto me hace pensar que lo que en realidad quieren es justicia solo cuando es en su propio beneficio.

Pero Dios nunca prometió ser justo con nosotros. Y eso es bueno, ya que todos hemos sido apartados de la gloria de Dios y merecemos ser condenados. Pero Dios nos ofrece gracia, y nos da la oportunidad de marcar la diferencia con lo que sea que Él nos *haya* concedido.

La parábola de los talentos dice que algunos reciben cinco talentos, otros dos, y otros uno. Dios no nos da los mismos dones a todos. Debemos respetar eso. Dios quiso ver a Moisés cara a cara y hablarle directamente, no así con los demás profetas. Para Moisés eso fue un gran privilegio y una gran responsabilidad.

Cualquier don que Dios le haya dado representa un privilegio y una responsabilidad. Trátelos como tales. Y no se preocupe por si son mejores o peores que los de otro líder. Eso es problema de Dios, no suyo. Él no lo compara con ellos, así que usted tampoco debe hacerlo.

2. Entendamos que el liderazgo es una responsabilidad y una encomienda

La gente talentosa, en especial los líderes, pueden llegar a pensar que su posición o su rol es un derecho, pero no es así. Si a usted se le confió un cargo de líder, Dios se lo ha dado por el bien de otros, no por el suyo. Miriam olvidó esa verdad durante un tiempo. Dios la usó con poder cuando Moisés era un bebé. Dios la usó de nuevo para dirigir la alabanza a Él. En esa época ella actuaba sin egoísmo. Pero cuando comenzó a sentir celos, pensaba solo en sí misma, no en los demás.

Cualquiera que sea el tipo de influencia que usted tenga, úsela con sabiduría. No se aferre a su función de líder. No es para su propio beneficio. Es un cargo que Dios le encomendó para servir a otros. Sírvalos bien.

3. Aprendamos a celebrar los logros de otros líderes

Miriam no quería celebrar el papel tan importante que tenía Moisés en el plan de Dios para su pueblo, pero ella no era la única con tendencia a los celos. Inmediatamente antes del incidente en el que Miriam fue castigada con lepra, el Espíritu de Dios descendió en algunos de los ancianos alrededor de la carpa de reunión, quienes comenzaron a profetizar. Cuando otros dos hombres que habían estado en el campamento comenzaron a profetizar, eso molestó a algunas personas, incluido Josué. La Biblia dice:

"Josué hijo de Nun, uno de los siervos escogidos de Moisés, exclamó: '¡Moisés, señor mío, detenlos!'. Pero Moisés le respondió: '¿Estás celoso por mí? ¡Cómo quisiera que todo el pueblo del Señor profetizara, y que el Señor pusiera su Espíritu en todos ellos!'".[25]

Como líderes, naturalmente somos competitivos. Nos gusta ganar. Pero eso no nos da derecho a destruir a los demás. William Penn dijo: "Las personas celosas son problemáticas para otros, pero un tormento para sí mismas". Trate de recordar que todos los líderes que sirven a Dios están en el mismo equipo. Cuando otros tengan éxito, celebre. Su éxito suma puntos al mérito de Dios, no a las limitaciones de usted.

Se necesita tener seguridad para celebrar el triunfo de otros y ser una persona agradecida para alegrarse con lo que Dios ha hecho de otros. Miriam es un buen ejemplo de ello. El cambio que ocurrió en su corazón es una gran lección para nosotros.

De mujer a mujer

Lo que encuentro fascinante sobre Miriam es que haya desarrollado envidia a pesar de la forma en que Dios la había usado. Dios la había utilizado de muchas maneras importantes, de protectora de su hermano cuando era bebé en el río Nilo a profetisa cantando alabanzas a Dios después de que todos los israelitas cruzaron el mar Rojo, cuando escapaban de Egipto. Ella era valiente, dedicada y decidida.

Miriam hizo cosas asombrosas hasta que perdió la visión de lo que Dios había preparado para ella y centró su atención en lo que debía hacer Moisés. Fue necesario que enfermara de lepra para hacerla desistir de su punto de vista equivocado. Me imagino que podría decirse que ese era el plan de Dios para mejorar la actitud de Miriam, y efectivamente aprendió la lección. Dios desea que todos aprendamos esa lección: Él tiene un plan y propósito especial para cada mujer.

Dios nos ha dado a todos un propósito único. Usted y yo debemos enfocarnos con disciplina en ese plan individual, y no desviar nuestra atención hacia los planes que Dios tiene para otros. La historia de Miriam me recuerda que debo mirar a Dios, no a los demás, para saber mi valor y propósito.

—Trish Trockmorton

Preguntas para reflexionar y discutir

Para saber más sobre Miriam, lea Éxodo 2:7–8 y 15:20–21, Números 12:1 y 20:1-16, 1 Crónicas 6:3 y Miqueas 6:4.

1. ¿Por qué cree usted que Miriam comenzó a compararse con Moisés y a enojarse?

2. Durante su crecimiento, ¿lo compararon a usted frecuentemente con alguien más? ¿Cómo lo hacía sentir eso?

3. ¿Tiende usted normalmente a compararse con gente más talentosa, haciéndole sentir deficiente; o con gente menos talentosa con la intención de fortalecerse a sí mismo?

4. ¿Cómo reacciona usted cuando siente que no recibe el reconocimiento que merece por sus habilidades o contribuciones?

5. ¿En qué ocasiones es fácil celebrar el triunfo de otros y en que ocasiones es más difícil? Explique la razón.

6. ¿Recuerda alguna ocasión en la que perdió una gran oportunidad por estar centrado en algo que no podía hacer, en vez de apreciar los dones y habilidades que usted tiene?

7. ¿Qué habilidad o talento dado por Dios da usted por sentado? ¿Cómo puede usarlo para servir a otros y dar gloria a Dios?

MARÍA

No pierda su momento con Dios

Dejamos atrás la fuente circular y las numerosas camas de flores y nos dirigimos a la parte más alejada del parque. Allí entre dos casas se encuentra la escalinata, tal y como Miriam nos había dicho. Me sorprendo nuevamente porque la escalinata está hecha de un tipo de piedra diferente. Esta vez, es de un vívido color verde transparente. Parece esmeralda. No solo los escalones están hechos de ese material, sino también los muros laterales, como si la escalinata entera hubiese sido extraída de una enorme roca de esmeralda.

Comenzamos a subir por ella. Mientras subimos con lentitud, me sujeto de la baranda, que fue esculpida de la misma roca del muro. Deslizo mi mano a lo largo de ella y observo que está perfectamente pulida. No puedo detectar ni una sola unión, junta o grieta.

Ya tenemos rato subiendo, y me empiezan a doler las rodillas. Me sorprende que no hay descansos donde nos podamos detener. Me imagino que los cuerpos nuevos que la gente recibe en el cielo no se fatigan como los nuestros, y la escalinata fue construida para ellos. Me detengo más de una vez para recuperar el aliento.

Cuando llegamos al final de la escalinata, nos encontramos en una calle diferente a la del nivel inferior. Mientras que la calle anterior era larga, pareja y perfectamente derecha, esta es angosta y sinuosa. A la izquierda, la calle desciende, y a la derecha se eleva ligeramente. No podemos ver muy lejos en ninguna de las dos direcciones, porque la calle se curva.

En el nivel anterior había espacios entre las edificaciones, y muchas de ellas tenían patios o jardines al frente. Esta calle no luce para nada similar. El frente de las casas está justo al lado de la calle, y no hay espacios entre unas y otras, así que parecen una sola edificación continua. Me recuerdan a las casas en la antigua ciudad de Jerusalén.

La gente camina por la calle en ambas direcciones. Parecen tener algo que hacer, pero no tienen prisa. De pie en medio de la calle, como una roca en medio de un río turbulento, se encuentra una mujer pequeña, vestida de color azul claro. Usa una larga capa y una banda de color blanco en la cintura. El velo sobre su cabello es de la misma tela blanca.

Todos parecen tener cuidado de no tropezar con ella. Algunos hombres la saludan con el sombrero. Otros, hacen una reverencia. Todos, de alguna manera, parecen reconocerla. Me pregunto quién podrá generar este tipo de respeto y atención.

Aunque ella responde los saludos de la gente, su mirada está fija en nosotros. Cuando hacemos contacto visual con ella, ella sonríe y nos llama con la mano.

—Hola, amigos —dice ella cuando nos acercamos—. ¡Vamos a caminar!

Caminamos con ella por la calle curva alrededor de unos cien metros hasta que vimos un pequeño pasaje a la izquierda. Entramos por él e inmediatamente quedamos fuera del tumulto de personas. El sendero por el cual caminamos es un poco inclinado y serpentea de un lado a otro.

—Así está mejor —nos dice ella mientras caminamos lentamente—. La gente siempre me quiere saludar o hablar, pero aquí no creo que seamos interrumpidos.

—¿Quién eres? —le pregunto.

—Soy María —contesta—. La madre de Jesús.

Con razón, pienso. Por eso es que todos le demuestran tal deferencia. ¡Ella dio a luz y cuidó al Salvador del mundo, Dios mismo en cuerpo humano.

—Hay momentos en la vida de toda persona —dice María mientras caminamos— en que Dios se nos revela y nos pide hacer algo. Esos son momentos especiales de Dios, así que háganme caso: *No pierdan su momento con Dios.*

En el momento

"Ese momento especial me ocurrió cuando el ángel Gabriel se me apareció. Créanme, para mí fue una sorpresa total. Yo era una chica común y corriente. Crecí en un hogar normal, con unos padres como todos los demás. Es verdad que amaba a Dios y deseaba complacerlo, pero no creo que hubiese sido muy diferente a otra gente de Israel.

"Fue un momento sumamente especial para mí —María hace una pausa mientras parece tratar de recordar los días de su juventud—. Me acababa de comprometer con José, y estaba muy contenta porque pronto estaríamos casados. José era un buen hombre y tenía un buen negocio, así que yo sabía que él podría proveer para nosotros. Viviríamos juntos en una casa en Nazaret, y mi madre me estaba ayudando con los preparativos. Nuestra vida en común estaba por comenzar, y yo deseaba que pronto tuviéramos una casa llena de niños.

"Casi me desmayo cuando Gabriel se apareció frente a mí. Les aseguro que no era un hombre común y corriente. De paso, me saludó con las siguientes palabras:

"¡Te saludo, tú que has recibido el favor de Dios!
El Señor está contigo".[26]

"Por las palabras que usó y por la manera en que me abordó, supe que estaba a punto de decirme algo muy importante, así que contuve el aliento y esperé. "Quedarás encinta y darás a luz un hijo, y le pondrás por nombre Jesús".[27] Estaba muy confundida porque yo era virgen. Recuerdo haber pensado:

"¿Qué pensarán mis amigos y mi familia? Que José y yo dormimos juntos antes de casarnos.

"¿Qué pensará José? Creerá que le he sido infiel y que dormí con otro hombre. Quizás me rechace para siempre.

"¿Qué pensarán las autoridades religiosas? ¡Quizás me arrastren a la calle y me condenen a morir apedreada!

"Luego cuando dijo que mi hijo sería llamado Hijo de Dios, mi cabeza empezó a dar vueltas. Estaba aterrada.

"En ese momento sentí como que el tiempo se detuvo. Pude sentir el peso de la decisión que debía tomar, aunque podía decir que no si lo deseaba. Más preguntas me venían a la cabeza:

"¿Seré capaz de enfrentar este reto? ¿Cuál será el costo personal? ¿Cómo será este futuro nuevo y diferente? ¿Y si no lo puedo hacer? ¿Y si estoy loca y este mensaje no es realmente de Dios?

"Las dudas llenaron mi cabeza. Podía argumentar miles de cosas para decirle que no a Dios. Pero mi corazón me dijo que dijera que sí, porque yo amaba a Dios. Así que, a pesar de mis miedos, mis dudas y mis interrogantes sobre el futuro, dije que sí. No sabía en qué resultaría todo eso, pero igual me puse en las manos de Dios, porque confiaba en Él".

El momento crucial

Trato de imaginar cómo pudo haber sido ser una adolescente en una cultura donde las mujeres no podían opinar, y donde estar embarazada sin estar casada era un crimen castigado con la muerte. Todo estaba en su contra, pero a pesar de eso ella respondió que sí. Ese momento fue un momento crucial que dejó claro cuál era su relación con Dios. El encuentro tiene características que podrían enseñarnos mucho sobre los momentos con Dios:

- *Dios los inicia, no nosotros.* María no pidió vivir esa experiencia ni la pudo haber creado por sí misma. Solo Dios podía hacerlo. Siempre ocurre de esa manera.

- *Son inesperados.* No solo María no pidió vivir la experiencia, sino que fue una sorpresa total para ella. Esta es otra característica de los momentos de Dios.

- *Tienen relación con el favor de Dios.* Fue un gran privilegio para María haber sido escogida para esta tarea. Siempre es un privilegio que Dios nos escoja para ayudarlo a cumplir su propósito.

- ***Nos ofrecen una percepción profunda de Dios.*** Gabriel le dijo a María cosas sobre su futuro que ella no podía saber. Los encuentros con Dios nos dan vislumbres de cosas que no sabemos.

- ***Son incomprensibles.*** Es irónico, pero a pesar de que Dios nos revela cosas, muchas veces no sabemos que significan. Esto ocurrió incluso con los discípulos, que oyeron cosas del propio Jesús pero no las entendieron.

- ***Son sobrenaturales.*** El momento de María fue espectacular, porque Dios envió un ángel a hablarle. Puede que nuestros encuentros con Dios no incluyan ángeles, pero eso no los hace menos sobrenaturales.

- ***Se nos pide decir que sí.*** Cuando Dios nos invita a participar en lo que Él está haciendo, nos está dando la oportunidad de asociarnos con Él. Pero debemos aceptar la sociedad.

- ***Cambian nuestra vida y la vida de los demás.*** Cuando Dios nos extiende una invitación y decidimos aceptarla, nada en nuestras vidas vuelve a ser igual. Ni en las vidas aquellos influenciados por nuestra decisión.

Los momentos con Dios siempre nos desorientan un poco. Son abrumadores. Rompen con nuestra rutina. Nos ponen en una situación incómoda. ¿Cuántas veces estuve seguro de que Dios me estaba hablando y a pesar de eso no le dije que sí? Cuando estamos dispuesto a confiar en Dios y a decirle que sí, nuestras vidas adquieren un nuevo significado y una nueva dirección. Yo no quiero perderme eso.

Lecciones de vida de María

Me pregunto cómo habría sido la vida de María si ella hubiese dicho que no en vez de decir: "Aquí tienes a la sierva del Señor. Que él haga conmigo como me has dicho".[28] ¿Habría nacido Jesús de otra joven mujer en Nazaret? ¿Habría sido carpintero? ¿Habría reconocido María que Jesús era el Hijo de Dios? No lo podemos saber.

Mi mente está acelerada, pero María captura mi atención nuevamente cuando comienza a hablar.

"Usted fue creado para ser una vasija de lo imposible".

—Me temo que ustedes están un poco en desventaja, porque viven en una época en la que se valoran más los hechos que la verdad. Creo que eso genera en mucha gente una incomprensión de Dios y de lo que Él desea para su pueblo. No fuimos creados para vivir vidas mundanas. Fuimos creados para ser extraordinarios. Somos instrumentos de Dios para lo imposible.

"Lo que es imposible para nosotros, no es más que una oportunidad para Dios. Los milagros ocurren cuando nuestra disposición de servir a Dios se cruza con su plan revelado. Este conocimiento puede cambiar su percepción de cada año, cada día, y cada minuto de su vida.

"Cuando llegue su momento, diga que sí y deje que Dios haga el resto".

—Si quiere que Dios haga lo imposible en su vida, no puede dejar que el miedo nuble su visión de Dios y de lo que Él puede hacer. Su esperanza debe ser más grande que sus interrogantes. Su confianza debe ser más grande que sus dudas.

"Cuando Dios lo invite a hacer algo por Él, no trate de entender cómo Él cumplirá su propósito. Eso es una pérdida de tiempo. La solución es problema de Dios. Además, a Dios le encanta sorprendernos. Él es creativo. Él hace cosas que no podemos imaginar ni en nuestros sueños más atrevidos. Diga que sí y observe como Él resuelve todo.

"Si se le escapó ese momento con Dios, prepárese para el próximo".

—Tal vez usted escuchó a Dios como lo hice yo, pero no le dijo que sí. Quizás usted sabía que debía hacer algo, pero se convenció de no hacerlo. O sintió que Dios lo retaba a actuar, pero se sentía muy asustado o perezoso para hacerlo.

"Si ese es su caso, no se preocupe. Dios es misericordioso y bueno. No malgaste su energía pensando en el pasado. No se quede estancado en el arrepentimiento, sino mire hacia adelante. Prepárese para la próxima oportunidad, ya que casi con total seguridad, Dios le dará una. Pídale a Dios que le permita ver claramente cuando Él le hable, para que usted reconozca ese momento por lo que es. Y decida decir que sí independientemente de cuantas preguntas o dudas pueda tener.

"Su respuesta positiva abrirá la puerta a lo mejor de Dios, si usted se lo permite".

—Usted nunca lamentará decirle que sí a Dios. Es cierto que cuando Dios nos da una oportunidad para decirle que sí, podemos comenzar a sopesar todas las razones para decirle que no. Todas esas ideas negativas pueden ser abrumadoras. Pero hay algo que usted debe saber: las razones para decir que sí normalmente están ocultas. Hay más razones para decir que sí que para decir que no, pero en ese momento no las podemos ver. Únicamente después de decir que sí somos capaces de percibirlas.

"Solo debemos tener fe en que lo mejor de Dios siempre llega después que le obedecemos. Y lo mejor de todo es que la obediencia y la disposición a decir que sí, se pueden convertir en el sello distintivo de nuestra vida.

Esas palabras tuvieron un profundo efecto en nosotros. Cuando pienso en lo difícil que debió ser para María tomar esa gran decisión siendo solo una niña me maravillo. Pero si la observamos más adelante en su vida, notaremos que tiene la misma actitud. Lo podemos ver en el relato del banquete de bodas en Caná. María le pide a Jesús que haga algo cuando los invitados se quedan sin vino, pero Jesús se niega a actuar porque no había llegado su tiempo. María resuelve el problema diciéndoles a los sirvientes. "Hagan todo lo que Él les diga"[29]. Por supuesto, ¿qué otra cosa podía decir ella? Esa frase pudo convertirse en el tema de su vida. Al ver la fe de María y a los sirvientes llenando varias vasijas grandes con agua, Jesús convierte el agua en vino. Una vez más la confianza de María en Dios la ayudó a aprovechar el momento.

La oración de María

Cuando María nos estaba hablando, su fe era tan profunda y su confianza tan fuerte que físicamente parecía más grande de lo que era. Ahora que está callada, luce pequeña nuevamente, y hasta normal. Pero todo cambia de nuevo cuando comienza a orar, mientras continuamos nuestra marcha.

—*Mi fiel Señor y Maestro:*

"Te pido con vehemencia que les hables a estos dos servidores tuyos. Pídeles grandes cosas. Hazlos sentirse incómodos. Amóldalos de maneras que ellos ni se imaginan que tú puedes hacer. Y dales la voluntad, el amor y la fe para decirte que sí con todo su corazón cada vez que tú se lo pidas. Que su obediencia los cambie no solo a ellos, sino también al mundo. Amén.

El poder y la confianza de sus palabras son increíbles, pero no nos sorprende. ¿Cómo podría ser de otra manera? Su viaje con Jesús comenzó cuando le dijo que sí a Dios, y luego fue testigo de casi todo lo que Él hizo. Unos momentos después de terminar la oración, llegamos al final de la estrecha calle por la que hemos estado caminando, hasta una intersección con otra calle. El camino que transitamos es sinuoso, con tantas vueltas que perdí el sentido de dirección. Me sorprende ver que estamos en la entrada de un bosque.

—Entren al bosque por aquí —nos dice María indicándonos el lado izquierdo—. Encontrarán a la próxima persona que desea verlos allí.

Lecciones de liderazgo de María

Observamos a María alejarse en la dirección opuesta.
Nuevamente luce pequeña y común. Si no hubiésemos
estado con ella ni la hubiésemos escuchado hablar,
no tendríamos idea de lo fuerte y significativa que es.
Ella nos recuerda que el liderazgo viene en todas las
formas y tamaños. Algunos son como Saúl: nos im-
presionan, son imponentes físicamente, y tienen una
presencia intimidante cuando caminan por una habitación. Otros son como María, cuya apariencia común
y corriente oculta una fortaleza profunda y callada.

El ejemplo de María me recuerda algunas verdades
importantes relacionadas con el liderazgo. Si desea ser
un buen líder, usted debe...

1. Estar conectado con Dios

María fue candidata para recibir las bendiciones de
Dios porque ella estaba cerca de Dios, y durante toda
su vida estuvo cerca de Dios (literalmente) porque crió
a Jesús. Pero durante su cuidado ella no fue una persona pasiva. Lucas dice que cuando ocurrían cosas
extraordinarias, ella las atesoraba en su corazón y re-
flexionaba en ellas.[30]

Independientemente de si Dios le ha dado mucho o
poco talento natural para el liderazgo, nada puede sa-
lirle mal si usted está conectado con Él. La habilidad de

conocer y seguir la dirección de Dios siempre tendrá mucho más valor que cualquier habilidad humana.

2. Estar conectado con su propósito

Incluso desde antes de que Jesús fuera concebido, María ya conocía su propósito. Su propósito era dar a luz, criar, alimentar y cuidar al Hijo de Dios. No es fácil criar a un hijo. Ser responsable de Jesús debió haber sido muy difícil para María. Pero ella llevó a cabo su propósito con gracia, y fue fiel hasta el final.

Cuando tenga dudas, enfrente dificultades, o necesite tomar decisiones difíciles, no olvide su propósito. Si usted sabe para qué Dios lo puso en la tierra, utilice ese conocimiento como un punto de referencia. Si no conoce su propósito, pídale a Dios que se lo revele. Entre tanto, utilice cualquier cosa que *sí* sepa para ayudarse.

3. Estar conectado con gente que lo aliente

Luego de que María supo que Dios la iba a usar para hacer algo extraordinario, pero difícil, ¿qué hizo ella? Fue a casa de su prima Elisabet, una pariente muy cercana, quien la animó y la ayudó a prepararse para lo que estaba por venir.

Creo que las acciones de Jesús muestran que Él también reconoció la importancia de alentar a María. Cuando Jesús moría en la cruz, le pidió a su discípulo Juan que tomara su lugar y cuidara de María. Y, ¿quién mejor que Juan, el discípulo que Jesús amaba, para cuidar de la madre amada de Jesús?. Cuanto más difíciles sean las circunstancias, más necesitamos y nos beneficiamos del apoyo de los demás.

4. *Estar conectado al panorama completo.*

Seguramente María se preguntó muchas veces qué estaba pasando y qué era lo que Dios estaba haciendo, tal y como ocurrió el primer día cuando Gabriel vino a hablar con ella. Ella sabía que estaba criando al Hijo de Dios, pero no creo que haya imaginado que Él se estaba preparando para sacrificarse por el pecado del mundo. Al verlo morir en la cruz tuvo que confiar en Dios una vez más y apoyar su fe en Él, visualizando el panorama completo.

Como líderes, debemos recordar siempre que Dios tiene en mente el panorama completo. Podemos confiar en Él. Cuanto más recordemos esto, mejor podremos servirle, aun cuando no entendamos lo que nos pueda estar ocurriendo en un momento determinado.

María es una inspiración. Ella no desaprovechó aquel primer momento con Dios, y tengo el presentimiento de que tuvo muchos otros. Sus acciones me invitan a buscar el favor de Dios, confiar en su dirección, y apoyarme en Él cuando llegue el momento.

De mujer a mujer

Lo que más admiro de María, la madre de Jesús, es su espíritu humilde al aceptar un regalo tan valioso. Esto iba más allá de su entendimiento, pero a pesar de eso, ella aceptó el trabajo más grande que cualquiera pudiera tener. Lo hizo a pesar del temor que debió haber sentido por lo que la gente pensara de ella, y la posibilidad real de morir apedreada por haber quedado embarazada antes de casarse. Me impresiona su fuerza y coraje, tanto emocional como físicamente. Emocionalmente ella resistió los chismes que surgieron en el pueblo. Físicamente, viajó a Belén con su embarazo avanzado, e incluso huyó a Egipto para escapar de Herodes, poco después del nacimiento de su hijo.

María debió haberse sentido ansiosa por la incertidumbre de su futuro, pero tenía fe en que el plan de Dios para su vida era mucho mejor que su propio plan. Aunque estoy segura de que a veces era difícil confiar en que el camino del Señor era el correcto, ella lo obedeció. Imagino la dicha que sintió cuando vio a Jesús crecer y cambiar la vida de la gente con sus milagros y sus enseñanzas. Estoy segura de que hubo muchos días en los que pensó: ¿Y si hubiese dicho que no? La fe es la creencia en lo que no se ve, y ¿qué personaje bíblico ejemplifica eso mejor que la madre de Jesús?

La lección que nos enseña María es que debemos creer en el Señor con todo nuestro corazón. Dios tiene un plan mucho más grande para mi vida que el que yo tengo. Puedo tender a sentirme nerviosa sobre el futuro, pero es allí donde mi fe, mi coraje y mi fuerza deben ayudarme a seguir adelante. Sin la ayuda del Señor puedo desmoronarme y fracasar, pero cuando Dios está en el cuadro puedo superar los obstáculos de ansiedad y miedo. Solo debo decir que sí.

Siempre tendré a María como una heroína para todas las mujeres, ya que aceptó un reto fantástico pero aterrador, uno que cambió al mundo. Mi meta en la vida es tener la fuerza y el coraje que tuvo María para decir que sí. Si le digo que sí a Dios y le permito trabajar a través de mí, yo también puedo cambiar al mundo para su gloria.

—Elizabeth Miller

Preguntas para reflexionar y discutir

Para saber más sobre María, lea Mateo 1:18–2:23, 13:53–57, 27:55–61, y 28:1–10, Lucas 1:26–2:29, Juan 19:24–27 y Hechos 1:14.

1. Si usted se hubiera encontrado en la posición de María, pensando que Dios le está pidiendo hacer algo que podría poner su vida de cabeza, ¿cómo cree usted que habría reaccionado?

2. ¿Es usted más del tipo soñador, que espera lo imposible; o del tipo escéptico, que es más pragmático? ¿Cómo afecta eso su relación con Dios?

3. ¿En qué ocasiones encuentra usted difícil confiar en Dios y en qué ocasiones lo encuentra fácil?

4. ¿Qué hace usted para tratar de estar conectado con Dios? ¿Le funciona bien ese método?

5. ¿Alguna vez ha experimentado un momento en el que cree que Dios lo estaba invitando a hacer algo por Él, pero usted no le dijo que sí? Si es así, ¿cómo ha afectado eso su vida?

6. ¿Cómo puede una persona convertirse en candidato o candidata para un momento de Dios?

7. Si en el futuro Dios lo invita a hacer algo incómodo o aparentemente imposible para Él, ¿qué hará para procesar esa decisión?

MARTA

Cuándo Jesús está en la casa, bríndele toda su atención

Caminamos por el estrecho sendero hasta el bosque. Todo es verde y exuberante. Los árboles, ubicados a cierta distancia unos de otros, se elevan por encima de nosotros. Sus troncos rugosos son de un color que es una mezcla entre marrón y gris. Desde donde estoy no puedo divisar las ramas. Las copas de los árboles son tan altas, que es difícil identificar qué tipo de árbol son, pero creo que se trata de algún tipo de coníferas.

A excepción del sendero por el cual nos desplazamos, el suelo está cubierto por una gruesa capa de césped. Se ve suave y apetecible. Me encantaría poder quitarme los zapatos y caminar sobre él. Aquí y allá, dispersas sobre la grama, se pueden observar flores campestres de color púrpura y blanco.

El sendero por el que caminamos está formado por piedras cuadradas de color negro azabache, dispuestas en forma de diamante. El césped que crece a cada lado es hermosamente irregular, matizado con pequeños montículos, pero el camino es llano y bien formado.

Al poco tiempo comenzamos a divisar unas viviendas entre los árboles del bosque. Parecen estar a buena distancia unas de otras, y sus estructuras, aunque hechas de oro, tienen variadas formas arquitectónicas. Algunas son cabañas hechas con troncos de oro. Otras son chozas. Algunas parecen haber sido sacadas de los suburbios estadounidenses. Cada una de ellas tiene un camino o calzada de piedra que conduce desde el sendero donde estamos hasta la puerta principal.

Justo en el momento en que nos preguntamos si deberíamos entrar a una de las casas, escuchamos a una mujer llamándonos.

— Hola. Por aquí. Aquí estoy.

Nos volvemos y vemos a una mujer vestida de color anaranjado, a unos treinta metros de nosotros, de pie frente a una pequeña vivienda. Nos saluda con la mano y nos sonríe.

Avanzamos un poco más por el sendero, y luego tomamos la calzada hacia la derecha, que nos lleva al sitio donde ella está. Las paredes de la casa son de piedra, y el techo es plano. Me recuerda a las casas que vi una vez en un modelo a escala de un pueblo israelita. Luce más bien extraña la casa solitaria rodeada de abundante césped verde, entre los árboles.

— Vengan, vengan —dice la mujer—, tengo algunas cosas que discutir con ustedes.

Cuando llegamos nos dice:

—Siéntense, por favor, siéntense.

La mujer está sentada en una roca negra de gran tamaño, y nosotros también nos sentamos en unas rocas, cerca de ella.

—Aquí tienen —dice ella entregándonos una copa de cristal a cada uno—. Me imagino que tienen mucha sed. ¿Por qué no descansan un momento?

Tomo un sorbo de agua. La mejor manera de describirlo es que es el mejor sorbo de agua que he tomado en mi vida. Me relajo y observo el césped que nos rodea.

— Adelante —dice ella.

—¿Adelante? —le pregunto extrañado.

—Sí, adelante, camine sobre el césped. Quítese los zapatos. Tranquilo. Yo también me quitaré los míos.

Usted y yo nos miramos. ¿Por qué no? La mujer de naranja se quita las sandalias y nosotros nos quitamos los zapatos. Al dar mi primer paso sobre el césped, compruebo que es exactamente como me lo imaginaba: fresco, suave y maravilloso. Muevo y flexiono los dedos de los pies, y siento que el cansancio en mis piernas por la reciente caminata se desvanece . Fluye fuera de mí como un río de agua, hacia el césped.

—¿No es maravilloso? —dice la mujer de anaranjado mientras camina por el césped— . Esta es una de las razones por las que vivo aquí. Me encanta caminar sobre el césped, recoger las flores del campo, o simplemente sentarme y escuchar como el viento mueve las ramas de los árboles.

Me agrada esta mujer. Se ve que disfruta detenerse y oler las rosas; mejor dicho, las flores silvestres.

—¿Quién eres? —le pregunto.

—Soy Marta—responde ella—, la hermana de María y Lázaro.

¡Vaya más despacio!

¡Marta! Nunca lo habría adivinado. Por la forma en que Marta interactuó con Jesús, la veía como una personalidad tipo A: una persona de acción que no se inmuta al decirles a los demás lo que deben pensar y hacer. Marta nunca se reprimió cuando interactuó con Jesús. Cuando Él llegó a Betania después de que Lázaro murió, Marta le dijo: "Señor, si hubieras estado aquí, mi hermano no habría muerto. Pero yo sé que aun ahora Dios te dará todo lo que le pidas".[31]

"En otra ocasión, cuando Jesús visitó la casa de Lázaro, Marta estaba en la cocina preparando la comida y todo para sus invitados, mientras que su hermana María simplemente se sentó con Jesús para escucharlo. Marta se enojó por eso y le dijo a Jesús: "Señor, ¿no te importa que mi hermana me haya dejado sirviendo sola? ¡Dile que me ayude!"[32]

Estoy tan sorprendido que le pregunto:

—¿Cómo es que una persona tan pragmática y dinámica se ve ahora tan relajada?

—Fácil —contesta Marta—. Escuché a Jesús. Al principio no lo entendía, pero luego de ver a mi hermana colocar perfume sobre sus pies y expresarle todo su amor, finalmente me quedó claro: *Cuando Jesús está en la casa, debemos prestarle toda nuestra atención.*

"No sabía cómo detenerme".

—Miren, cuando Jesús llegó a mi casa ese día, yo no entendía que los "momentos con Jesús" no son muy frecuentes en la vida. Ese fue mi caso, y en esos días Jesús estaba de cuerpo presente en mi casa. Con ustedes pasa lo mismo. Jesús siempre está con nosotros a través del poder del Espíritu Santo, pero aun las personas devotas que aman a Dios, oran, sirven fielmente, adoran y leen las Escrituras, no disfrutan de muchos de esos momentos. Cuando Jesús estuvo en mi casa, mi hermana María entendió que no debía perder el momento, pero yo no.

"Pensé que el deber era más importante que la devoción".

—Toda mi vida cumplí cabalmente con mis responsabilidades. Como hermana mayor, se esperaba que cuidara a mis hermanos. Mi madre lo esperaba, y luego de su muerte asumí completamente su papel. Siempre estuve dispuesta a cumplir mi deber y me enorgullecía en ello. Pero eso no era lo que Jesús quería de mí. Yo ofrecía deberes. Él deseaba devoción. Antes no lo entendía, pero ahora sí:

El deber	La devoción
Le da la bienvenida a Jesús	Le da la bienvenida a Jesús
Se distrae	Se centra en Jesús
No entiende a Jesús	Se sienta a los pies de Jesús y escucha
Trata de impresionarlo a través del trabajo	Se sienta a los pies de Jesús y escucha
Se siente superior	Se sienta a los pies de Jesús y escucha
Se afana por nada	Se sienta a los pies de Jesús y escucha
Se resiente	Se sienta a los pies de Jesús y escucha
Hace de todo, excepto lo más importante	Se sienta a los pies de Jesús y escucha

La gente con mi tipo de personalidad tiene la tendencia a caer en el modo "deber". Nos ponemos a trabajar. Jesús quiere que nos detengamos y pasemos tiempo con Él.

"Me encontraron preparando para Jesús en vez de preparándome para Jesús".

—Cuando recibimos invitados queremos que todo esté a punto. Queremos que nuestros invitados se sientan cómodos y atendidos. Eso no está mal. Pero tenemos que recordar algo: Jesús no es nuestro invitado. ¡Él es nuestro Salvador!

"Yo deseaba agradarle. Le di la bienvenida a mi casa, pero luego los preparativos y las cosas que había que hacer acapararon toda mi atención. Jesús entró a la habitación y yo salí de la habitación para ir a la cocina. A veces es más fácil servir a Jesús que permanecer con Jesús".

"Me abrumé por ocuparme de las cosas sin importancia, en vez de centrarme en las cosas importantes".

—Hay una diferencia entre dejar que Jesús entre en nuestra vida y estar con Él y conectados a Él. Yo amo a Jesús, y lo amaba en ese entonces. Pero Él me hacía sentir incómoda. El amor desinhibido de María también me hacía sentir incómoda. Tuve que aprender a lidiar con mi incomodidad para que Jesús pudiera cambiarme.

"La verdad sea dicha, a muchos de los que creen en Jesús se les hace difícil pasar tiempo con Él. Él los hace sentir incómodos, y no saben cómo lidiar con eso. Si ustedes no han descubierto simplemente cómo *estar* con Jesús, es hora de que lo hagan.

Lecciones de vida de Marta

Que sorpresa tan agradable es Marta. Creo que muchos la han criticado injustamente. Su error quedó registrado en las Escrituras para que todo el mundo lo recuerde, pero no está registrado lo que ella aprendió de ese error. Cuando Jesús los visitó, las intenciones de Marta eran buenas. Ella era práctica, hospitalaria, y estaba dispuesta a servir. En comparación con su devota y extravagante hermana María, ella debió lucir mandona y odiosa. Pero solo necesitaba aprender a interactuar con Jesús de la manera correcta.

Seguimos caminando sobre el suave césped, entre los árboles. Creo que incluso un tipo tosco como yo puede aprender a disfrutar un lugar como este.

—Espero —dijo Marta—, que ustedes puedan aprender algunas cosas de mi vida.

"Cuando Jesús llegue no se ocupen, dejen todo lo que estén haciendo".

—Esté donde esté o haga lo que haga, cuando Jesús esté en la casa enfóquese en Él. Es lo único correcto que puede hacer. Cuando Judas regañó a María por derramar el costoso perfume en los pies de Jesús, nuestro Señor dijo: "A los pobres siempre los tendrán con ustedes, pero a mí no siempre me tendrán".[33] Esto se puede traducir como: "Siempre tendrán trabajo que hacer, pero no siempre estaré aquí en la casa, con ustedes".

"Cuando Jesús llegue, no se vaya a hacer otra cosa. No se vaya a la cocina o al lavandero. No se ocupe en nada. Deténgase y comparta con Jesús. Para eso es que Él está allí con usted.

"Cuando Jesús llegue, no se enfoque en servir, enfóquese en conectar".

—Cuando mi hermana María se sentó a los pies de Jesús, rompió la botella de perfume de nardo, empapó los pies de Jesús con él y lo secó con sus cabellos, ella no lo estaba haciendo para lavar sus pies. Era una muestra de que Él tenía toda su atención y una manera de demostrarle cuánto lo amaba.

"Aprendí esa lección observando a mi hermana menor. No fue fácil. Yo siempre era la que daba el ejemplo, pero esta vez ella fue el ejemplo para mí. Y aprendí muy bien la lección".

"Cuando Jesús llegue, no trate de controlar todo, adáptese a sus planes".

—Debo admitir que me encantaba estar a cargo. Eso me hacía sentir bien. Me gusta que se hagan las cosas. Me gusta cómo se siente cumplir los objetivos. Quizás a usted también. Cuando servimos, atendemos o hacemos algo, sentimos que estamos en control. Pero cuando nos sentamos a los pies de Jesús, Él está en control, y eso puede ser difícil.

"Ahora miro al pasado y me doy cuenta de que debí haber aprendido esa lección cuando Jesús permitió que Lázaro muriera y luego lo resucitó. Cuando Jesús llegó a Betania, yo le reclamé por no haber llegado antes. Solo pensaba en mí misma y en lo que yo deseaba. Yo amaba a mi hermano, pero Jesús seguía el plan de Dios. Él vio el panorama completo, y siempre lo hace. Yo no lo hice, pero aprendí la lección la siguiente vez. No lo hagan ustedes".

"Cuando Jesús llegue, no trate de hacer algo para Él, solo esté con Él".

—Cuando Jesús esté en la casa, lo importante no es lo que usted haga por Él, sino lo que Él esté haciendo, independientemente de lo que sea. No sabemos cuándo aparecerá, ni cuál será su plan. No sabemos lo que Él querrá decir o hacer. Solo debemos estar dispuestos a detenernos y estar con él. Al hacerlo descubrimos cosas sobre ÉL y sobre nosotros.

La oración de Marta

Nos concentramos tanto en las palabras de Marta y la escuchamos tan atentamente, que no nos dimos cuenta de que habíamos llegado nuevamente al frente de la pequeña casa, donde empezamos. Y por su mirada, pareciera que está a punto de despedirse. Nos sentamos en el césped para ponernos los zapatos nuevamente, cuando Marta coloca sus manos sobre nuestras cabezas y comienza a orar:

—*Dios de gracia y de perdón:*

"*Te agradezco enormemente que nos des la oportunidad de cambiar y crecer para poder estar más cerca de ti y ser más como tú. Enséñales a mis amigos a saber con seguridad cuando tú estás en la casa, y enséñales cómo detenerse y conectar contigo. En el nombre de Jesús, Amén.*

Subo la vista y le sonrío a Marta. Ella nos devuelve una mirada relajada y contenta.

—Solo falta que vean a una persona más el día de hoy —dice Marta, y mi sonrisa desaparece porque me doy cuenta de que nuestro tiempo está llegando a su fin—. Ella compartirá con ustedes una verdad muy importante. Quizás la más importante de todas.

Terminamos de ponernos los zapatos y nos ponemos de pie.

—Regresen al sendero estrecho y sigan en la misma dirección por la que iban cuando yo los llamé —dice Marta—. Su última mentora los esperará más adelante.

Lecciones de liderazgo de Marta

Cuando vamos de regreso al sendero me siento des rrado. Quiero escuchar la verdad importante qu dirá la próxima persona, pero también soy plen consciente del poco tiempo que nos queda aquí. Y quiero disfrutar cada instante.

Disminuimos la velocidad. Disfrutamos de los árboles a nuestro paso, las flores y el aire fresco. También pensamos en las lecciones de liderazgo que podemos aprender de Marta.

1. No permita que su personalidad activa le impida detenerse para estar con Jesús

Los líderes tienen una inclinación natural a la acción. Cuanto más grande sea el don de liderazgo, más fuerte será la tendencia a ser dinámicos, solucionar problemas e impulsar iniciativas. Ese deseo constructivo puede ser una característica tremendamente valiosa, pero también puede obrar en su contra.

2. No permita que su habilidad de hacer las cosas le haga sentirse superior

Marta trabajaba arduamente y lograba hacer muchas cosas. Eso está bien. Pero le aseguro, por la forma en que ella le habló a Jesús sobre su hermana, que ella ━━ superior a María. Eso no está bien. Jesús no ━━━━ más por lo que ella hacía. Jesús valora

━━━━━━━ ucha energía, talento o habili━━━ ━━━━━━━ de que a los ojos de los demás ━━━━━━━ ás favorecido por Dios o ser más ━━━━━━ rdad. Dios no lo ama más que a

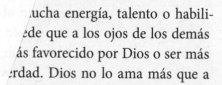

la persona que no logra nada para Él. Es por ello que usted debe adoptar la actitud de Jesús hacia los demás. Así lo dijo Pablo:

> "La actitud de ustedes debe ser como la de Cristo Jesús, quien, siendo por naturaleza Dios, no consideró el ser igual a Dios como algo a qué aferrarse. Por el contrario, se rebajó voluntariamente, tomando la naturaleza de siervo y haciéndose semejante a los seres humanos. Y al manifestarse como hombre, se humilló a sí mismo y se hizo obediente hasta la muerte, ¡y muerte de cruz!".[34]

Así que, si usted piensa que tiene ventajas sobre otras personas, no las use. Y no se engañe pensando que usted merece más que los demás.

3. Si Jesús llega cuando usted está liderando, haga lo que Él dice

Para nosotros, como líderes, es muy fácil seguir nuestra propia agenda. Eso es lo que hizo Marta. Ella sabía lo que había que hacer, tenía un plan, e iba a ejecutarlo. Tenía visión de túnel.

Si usted es líder y además una persona de fe, necesita ser sensible al Espíritu Santo y aprender a prestar atención cuando Dios aparece. Cada vez que Él aparece es por una razón (de Él, no suya). Trate de determinar qué es lo que Dios quiere que usted haga. Quizás Dios quiere que usted haga algo osado. Quizás quiere que usted evite la imprudencia de otros. Quizás quiere que usted sea un ejemplo de humildad. Quizás quiere que usted se disculpe por algo que hizo (tristemente esto me ha ocurrido más de una vez). Quizás Él solo quiere que usted se aparte de ese camino.

Si Jesús decide entrar a la casa cuando usted está liderando, no es por accidente. Él sabe lo que está haciendo. Sígalo, y pídales a los demás que lo acompañen.

Tengo que admitir, como un apersona de gran energía y orientada a la acción, que siempre tiene una opinión y le encanta que las cosas se hagan, que me beneficia pensar en la sabiduría contenida en las palabras de Marta. Amo a Jesús y me gusta verme a mí mismo como alguien que busca detenerse y conectar con Él. Pero la historia de Marta nos recuerda que no podemos pasar mucho tiempo con Él. Si usted también es una persona de acción, espero que las palabras de Marta también le hayan ayudado.

De mujer a mujer

Me intriga Marta porque de alguna manera me identifico con ella. Hacer que mis invitados se sientan bienvenidos siempre ha sido muy importante para mí. Me encanta verlos felices y cómodos cuando estamos juntos. Y es muy fácil que al hacer los preparativos para recibir un invitado especial, se vaya el tiempo en las labores que se deben realizar para recibirlo. Pero me he dado cuenta de que para que un invitado se sienta verdaderamente cómodo al llegar, debemos brindarle toda la atención.

Yo creo que Marta estaba tratando de hacer sentir bienvenido a Jesús, pero se centró en el aspecto equivocado. Estaba tan preocupada por lo que tenía que hacer para Jesús, que no valoró el hecho de simplemente estar con él, una vez que llegó. La decisión de María fue la decisión acertada.

Estar con Jesús y brindarle mi atención completa es lo único lo que Él quiere de mí. La actividad no se compara con la conexión. Lo que me encanta de la lección que Jesús le enseñó a Marta, es que me recuerda que debo centrarme más en mi devoción a Jesús que en mis deberes. En realidad, eso es lo que lo hace a Él —y a cualquier otro invitado— sentirse bienvenido.

—Anita Maxwell

Preguntas para reflexionar y discutir

Para aprender más sobre Marta, lea Lucas 10:38–42 y Juan 11:1–44.

1. ¿A quién admira usted más: a Marta o a su hermana María? ¿Por qué?

2. Mucha gente siente que tiene mucho por hacer y muy poco tiempo para hacerlo. ¿Le cuesta mucho a usted hacer las cosas? Explique.

3. ¿Cuántas veces compara el trabajo que usted hace con el trabajo que hacen los demás? ¿Le hace eso sentir superior como a Marta? ¿O le hace sentir inferior, como Marta trataba de hacer sentir a María?

4. ¿Le resulta fácil o difícil dejar lo que está haciendo y tratar de seguir los planes de Dios?

5. ¿Qué papel juega el deber en cuanto a la fe? ¿Qué papel juega la devoción?

6. ¿Recuerda alguna vez en la que usted deseaba tener claridad sobre algo importante para usted y solo la recibió después de pasar tiempo con Dios?

7. Muchos creyentes encuentran difícil únicamente estar con Jesús sin tener la obligación de hacer algo. ¿Es ese su caso? Si es así, ¿cómo puede cambiarlo?

LA MUJER SAMARITANA

Dios siempre se desviará de su camino por usted

El sendero estrecho que estamos atravesando serpentea a través del bosque. Dejamos atrás otras edificaciones construidas en una gran variedad de estilos. Nos damos cuenta de que el camino nos lleva hacia un risco que se eleva por encima de nosotros. La roca empinada es de color gris, con destellos de rojo profundo y marrón.

Parecía que el camino terminaba abruptamente en la base del risco pero, al llegar allí, notamos que hay un camino escondido que sube entre las rocas, a mano derecha.

Tomamos el camino y comenzamos a subir. Al poco tiempo, el camino vira y se inclina en otra dirección. Mientras subimos, podemos observar el camino en forma de zigzag que vamos dejando atrás. En pocos minutos ya hemos sobrepasado las copas de los enormes árboles, y podemos ver que el bosque es un enorme rectángulo rodeado de riscos por este lado y por el lado izquierdo. La ciudad se encuentra a mano derecha. No podemos ver lo que está en el lado opuesto al nuestro en la lejanía.

Después de virar en una de las esquinas del zigzag, las paredes a ambos lados del camino se elevan a una altura de unos diez pies, así que ya no podemos ver el paisaje. Aprovechamos de ver con más detalle la piedra que nos rodea. Casi toda es gris con rosado y algunos detalles verdes. De tanto en tanto observo destellos de rojo, primero del tamaño de una nuez, luego de una pelota de sóftbol, hasta alcanzar el tamaño de un automóvil. Cuanto más ascendemos, más rojo se va tornando todo.

Cuando ya siento que mis piernas están a punto de desfallecer y me preparo para detenerme y tomar un descanso, doblamos una esquina y el camino se dirige en una nueva dirección, lejos del bosque y directamente hacia el risco. Pasamos una pequeña escalera hecha completamente de piedra cristalina de color rojo, perfectamente pulida, y llegamos a la orilla de un hermoso lago. Me recuerda al lago Como, en Italia. Las aguas profundamente azules están rodeadas de montañas escarpadas. A orillas del lago hay una hilera de hermosas villas.

El camino donde estamos parece estar hecho de la misma piedra roja cristalina de la escalera. En la mitad del camino, a tres metros de nosotros, se encuentra una mujer vestida de pies a cabeza con una capa de un color marrón indescriptible. Su cabello, que se asoma por debajo de su velo, parece casi del mismo color marrón. Si estuviera en una multitud, en vez de estar de pie en medio de la calle y frente a nosotros, ni siquiera la notaría.

Su cara refleja que su vida no fue fácil. Sus facciones son toscas. Su rostro tiene arrugas. Tiene el ceño fruncido. Su aspecto es el de una persona que ha sufrido mucho, que ha vivido muchas decepciones. Pero luego nos sonríe, y su cara se transforma. Donde antes había luchas, ahora vemos gozo.

—Vengan conmigo —nos dice—. Nos queda poco tiempo y tengo muchas cosas que decirles.

Sin esperar, se da vuelta y comienza a caminar en la otra dirección, alrededor del lago. Apresuramos el paso para alcanzarla.

Una conexión inesperada

—El día que Jesús llegó a mi pueblo, era un día como cualquier otro. Yo necesitaba agua, pero no me gustaba tropezarme con la demás gente que vivía allí. Así que esperé hasta que el sol estuviera alto antes de salir con mi cántaro. Cuando llegué al pozo, me sentí decepcionada al ver que había alguien allí. Pero me di cuenta de que no era alguien del pueblo, y noté por el modo que vestía que se trataba de un judío. Así que me sentí aliviada, porque sabía que me ignoraría.

—Pero él no me ignoró —dice ella con gran vehemencia—. Él me habló. E hizo más que solo hablarme. Me habló como si me conociera de toda la vida.

—¿Es usted —tartamudeé—, la mujer samaritana que encontró a Jesús en el pozo de Sicar?

—Sí, soy yo —contesta.

—Guao. ¿Cómo se llama?

—No le está dado a usted saberlo —contestó ella—, al menos mientras dure su tiempo en la tierra. Cuando el apóstol Juan escribió mi historia, Dios le pidió que no escribiera mi nombre.

—¿Por qué? —le pregunté.

—Porque mi historia es su historia, la historia de todo el mundo —responde ella.

Estoy confundido y debe notarse en mi rostro, porque la mujer procede a explicarme.

—Lo único que siempre quise durante mi vida fue ser amada. Deseaba sentirme querida. Creo que eso nos pasa a todos. Buscamos aceptación y amor de diferentes maneras. En la época en que Jesús vino a mí y me ofreció agua viva, yo estaba en mis cincuentas, y mi vida había sido muy dura. Había estado casada cinco veces, me había divorciado tres veces, enviudado una, y en una ocasión me habían abandonado. Había buscado una buena vida, gozo, alegría, pero nunca los había encontrado. Así que hice lo mejor que pude. Y Jesús tenía razón. Me había mudado a la casa de un hombre del pueblo sin casarme con él. Por eso era que las mujeres del pueblo me evitaban. Me odiaban. Y yo tampoco me sentía bien conmigo misma.

"Me sorprendí cuando Jesús me habló. Recuerdo haber pensado: *Si supieras quien soy, no osarías hablarme*. Pero luego, al escuchar lo que me dijo, me di cuenta de que Él me conocía. Eso fue muy asombroso. Y más asombroso fue cuando me dijo que Él era el Mesías. ¿Cómo es posible? ¿Y por qué el Mesías me habla a mí?, pensé. Pero nada se compara al asombro que sentí por la manera en que Jesús me valoró. Me trató como si yo en realidad valiera algo. Y como Él me valoró, ahora soy valiosa. Por primera vez en décadas sentí esperanza y no me sentí excluida.

"Presten atención, porque esto que diré es importante: *Dios siempre se desviará de su camino por usted*".

Lecciones de vida de la mujer samaritana

Su intensidad me sorprende. Caminamos en silencio durante un rato. Sospecho que está dejando que asimilemos sus palabras. La miro y noto que nos está observando. Su mirada es intensa. Mientras la observo caminar noto algo por primera vez. Por debajo de su túnica noto que tiene otra túnica tan colorida como la externa es apagada. Hay muchos más aspectos de ella que los que se ven a simple vista.

—Cuando Jesús me valoró y me ofreció vida —continua—, no pude contenerme. Se lo conté a todos en el pueblo. Fui de puerta en puerta. Incluso se lo dije a las mujeres que me odiaban. No me importó. Todos necesitaban lo que Jesús ofrecía, y yo lo sabía. Al poco tiempo, ellos también lo sabían. Normalmente, nosotros los samaritanos y los judíos estábamos separados. Los judíos nos evitaban. Pero Jesús se quedó con nosotros dos días. Él y sus discípulos nos enseñaron a entender a Dios y su amor por nosotros. Y yo necesito contarles a ustedes lo que Él me enseñó.

"Independientemente de donde estemos, Jesús nos valora".

—En mi época, los judíos no iban a Samaria. Cuando los judíos de Galilea iban a Jerusalén para celebrar la pascua., solían cruzar el río Jordán y desviarse muchas millas de su camino para evitarnos. Pero Jesús no hizo eso. Él fue a donde otros no querían ir e hizo lo que otros no querían hacer, todo por mí. Él hará lo mismo por usted. No hay lugar en este mundo que sea demasiado lejano, ni demasiado extraño, ni demasiado difícil para Dios. Él irá a los confines de la tierra por usted.

"Independientemente de lo que hayamos hecho, Jesús nos valora".

—Quizás lo que más me sorprendió es que Jesús nos valora sin importar nuestras creencias. Durante los dos días que Jesús estuvo en el pueblo, mucha gente reconoció que Él era el Mesías, y aceptó su amor y su perdón. Pero muchos lo rechazaron e insultaron. Con todo, Él aun los amaba y valoraba.

"En ese momento, yo no lo entendía, pero ahora sí. El amor de Dios por nosotros no se puede romper. No se puede deshacer. Lo podemos rechazar, pero eso no evitará que él nos lo siga brindando. Él nos valora de todas formas".

La oración de la mujer samaritana

El mensaje que ella tiene para nosotros es muy sencillo. Pero es el mensaje más importante en la historia de la humanidad. Dios nos ama y se desvió de su camino por nosotros al enviarnos a su hijo Jesús. Dios ha puesto el cielo en nuestros corazones. Solo necesitamos estar dispuestos a aceptar su regalo de amor.

—Es hora de que se vayan —dijo la mujer samaritana—. Pero antes, quiero orar por ustedes.

"Oh Padre celestial que nos amas:

Es asombroso que tú nos ames como lo haces. No somos dignos, y a pesar de eso tú igual nos ofreces tu amor. Te pido que ayudes a mis amigos a sentir tu amor cuando no se sientan amados, y a estar tranquilos. Y que a partir de ese regalo

ellos puedan compartir tu amor con otras
personas. Amén".

"Si siguen por este camino encontrarán un puente.
Crúcenlo. Allí acabará su viaje. Qué Dios los bendiga".

Lecciones de liderazgo

Seguimos sus instrucciones y continuamos a través
del camino. No puedo evitar pensar en cuánta gente
llegó a conocer a Jesús a través de ella. ¿Cuántas personas en su pueblo? ¿Cuántas personas han leído su
historia y se han identificado con ella?

En el sentido tradicional, la mujer samaritana no
fue una líder. No tenía posición ni título. Ni siquiera
sabemos su nombre. Pero tuvo influencia, y eso la hace
una líder. Muchos la siguieron, camino al cielo.

¿Qué podemos aprender de ella?

1. Los buenos líderes valoran a la gente

Nadie puede ser un buen líder y no preocuparse por
los demás. Aquellos que no se preocupan por los
demás pueden ser capaces de conseguir poder, pueden
manipular, pero no pueden liderar realmente a sus semejantes, si no los valora. No hay mejor ejemplo de
esto que lo que hizo Jesús con la mujer samaritana.

Si usted tiene en sus manos la responsabilidad del
liderar a otros y no los valora como individuos, pídale ayuda a Dios. Yo he descubierto que cuando

no aprecio suficientemente a alguien y le pido ayuda a Dios, Él endulza mi corazón y revive mi deseo de amar a los demás.

2. Los buenos líderes le añaden valor a la gente

Cuando usted valora a alguien usted busca añadirle más valor. Jesús lo hacía con todos. Él estaba dispuesto a ayudar a todo aquel que estuviera dispuesto a pedirlo. Y su Espíritu se derramó sobre la mujer samaritana. Ella trató de transmitirlo a todos los habitantes de su pueblo porque vio que Jesús también podía cambiar sus vidas para mejor.

Un líder está en la mejor posición en que se puede ayudar a otros. Cada individuo de su congregación es un reto a su habilidad de hacerlo mejor persona, no solo profesionalmente, sino personalmente. Todos tenemos una necesidad profunda de ser amados, ayudados y apreciados. Usted puede ser el tipo de líder que valora a la gente de esa manera.

3. Los buenos líderes actúan inmediatamente

Cuando la mujer samaritana se dio cuenta de lo que le estaba ocurriendo, no esperó un segundo. Entró en acción. De hecho, abandonó el pozo tan rápidamente que olvidó su cántaro. Actuó inmediatamente. Ella deseaba hacer cualquier cosa para ayudar a la gente.

Así operaba Jesús. Actuaba de inmediato. El hecho de que le hablara a la mujer samaritana siendo algo considerado tabú, muestra que Él le daba más valor a la acción que a las formas. Jesús se sentía tan complacido por los resultados, que lo comparó con ser alimentado. Les dijo a sus discípulos:

> "Mi alimento es hacer la voluntad del que me envió y terminar su obra. ¿No dicen ustedes: 'Todavía faltan cuatro meses para la cosecha'? Yo les digo: ¡Abran los ojos y miren los campos sembrados! Ya la cosecha está madura".[35]

Jesús estaba exhortando a sus líderes a actuar. Él quería que ellos llevaran el evangelio a los demás y comenzaran a guiarlos. Sabía que cuanto antes avanzaran, más gente podrían ayudar. Jesús aún les pide a sus líderes que hagan esto.

La fe radical de la mujer samaritana en el amor de Dios me inspira. Cualquier tipo de fatiga que yo hubiese podido sentir por el ascenso del risco se desvaneció. Si Dios está dispuesto a desviarse de su camino por mí, entonces yo estoy dispuesto a desviarme de mi camino por Él. Siento que estoy preparado para cualquier cosa, y espero que usted también.

De mujer a mujer

La primera vez que escuché la historia de la mujer samaritana, me inspiró su experiencia con Jesús y ver el cambio en su vida. La imagen que tenemos de ella es la de alguien con un pasado doloroso, lleno de desengaños, tristeza y desesperanza, lo que originó en ella una baja autoestima. Se sentía tan poca cosa, que se ocultaba de los demás. Todas las mujeres del pueblo la juzgaban y la odiaban. Ella, por su parte, se sentía extremadamente despreciada y se convirtió en una persona solitaria. Buscó amor y aceptación en los lugares equivocados.

Pero todo cambió cuando se encontró cara a cara con Jesús. Jesús le enseñó algo que nadie le había enseñado. Le demostró su amor incondicional y su misericordia por ella, hablando con ella y haciéndola sentir como si se hubieran conocido desde siempre. Se sintió tan emocionada y con una pasión tan grande por Él que olvidó el cántaro de agua en el pozo y corrió por todo el pueblo a contarle a todo el mundo sobre el Mesías y su amor por ellos, a pesar de lo que todos sentían por ella.

Como mujeres deseamos amor y aceptación. Queremos ser "amadas". Jesús le ofreció ese amor y esa aceptación. Ella superó sus luchas más profundas a través de su amor incondicional y las convirtió en gozo, el cual quiso compartir con los demás. Eso la hizo una persona audaz y valiente, porque tenía fe en el amor de Jesús por ella.

Lo que me enseña esta historia es que nunca debo dudar de Jesús, aunque los tiempos sean duros y sienta que no puedo aguantar más. Jesús me brinda su gracia y su perdón incondicionales, independientemente de lo que yo haya hecho o de lo mal me pueda sentir conmigo misma. Él simplemente me ama.

La mujer samaritana le ofreció agua del pozo a Jesús y Él a cambio le ofreció agua de vida, vida eterna. Tenemos que saber que a Jesús no le importa de dónde hemos venido, Él solo quiere que terminemos amándolo, viviendo para Él y ayudando a nuestros semejantes a vivir para Él. Lo único que debemos hacer es abrir nuestros corazones y dejarlo entrar.

—Maddie Miller

Preguntas para reflexionar y discutir

Para saber más sobre la mujer samaritana, lea Juan 4:1-42

1. ¿En qué se identifica usted con la mujer samaritana, si lo hace?

2. ¿Le resulta fácil o difícil creer que Dios lo ama sin importar lo que haya hecho ni de donde haya venido? ¿Por qué?

3. ¿Alguna vez le ha ocurrido algo en la vida que la haya hecho pensar que Dios se desvió de su camino por usted?

4. ¿Si aún no le ha ocurrido, ¿de qué manera le *gustaría* que Dios se desviara de su camino por usted?

5. ¿Cuál es su reacción a la declaración de Jesús de que Él es el Mesías y el Hijo de Dios?

6. ¿Cómo se siente cuando le habla a otros sobre Jesucristo? ¿Se siente incómodo o se siente impulsado a compartir su fe como hizo la mujer samaritana? ¿Por qué?

7. ¿Cuál es su mayor obstáculo para asumir un rol de líder? ¿Qué puede hacer usted para superar ese obstáculo?

CONCLUSIONES

Hemos caminado unos cien metros cuando el camino se curva en una esquina y vemos el puente. Es casi como un muelle. Lleva a una pequeña isla, no muy lejos de la costa. Cruzamos el puente y llegamos a una pequeña cabaña.

Adentro, sentada en un banco, se encuentra mi madre. Ella me había dicho que la vería de nuevo.

—¡Mamá! —digo y, nuevamente le doy un fuerte abrazo. No tengo palabras para expresar cuánto había extrañado sus abrazos.

—Qué bueno verte de nuevo, hijo mío —dice ella.

—Mamá, las mujeres que encontramos son increíbles. Son verdaderas gigantes de la fe. Déjame contarte lo que aprendimos:

"Ruth nos enseñó a seguir nuestro corazón
para encontrar esperanza.
"Sara nos dijo que no debíamos complicar
las promesas de Dios con nuestras
soluciones.

"Rahab nos dijo que la historia de Dios está
llena de sorpresas.

"Ana nos explicó que Dios bendice las
promesas que nosotros le cumplimos.

"Abigaíl dijo que un simple acto de
sabiduría puede cambiar nuestro
destino.

"Miriam nos dijo que la comparación con
los demás nos puede robar nuestro
gozo.

"María nos exhortó a no perder nuestro
momento con Dios.

"Marta nos enseñó que cuando Jesús esté
en la casa, debemos brindarle toda
nuestra atención.

"La mujer samaritana dijo que Dios
siempre se desviará de su camino por
nosotros".

—Qué bueno, John —dice mamá—. Así que la visita
ha sido buena.

—Ha sido fantástica —le digo—, pero por mucho
que la haya disfrutado, preferiría quedarme aquí conversando contigo.

—Lo siento, John. Me gustaría que pudieras quedarte más tiempo, pero ha llegado el momento de
partir.

—¿No podemos conversar un momento? —le pregunto mientras nos sentamos a su lado.

—No has venido para eso —dice mamá con una sonrisa—. Pero no estés triste. Tú y yo tendremos una eternidad para conversar cuando llegue el momento.

Mamá toma mi mano, y lo último que la oigo decir es: "Dale mis cariños a Margaret, a mis nietos y a mis bisnietos".

Casi no escucho sus últimas palabras porque cuando está terminando, mi cabeza comienza a zumbar.

Me encuentro en mi estudio, sentado en mi silla de pensar favorita. ¿Cuánto tiempo pasó?, me pregunto. Aún está oscuro afuera. Veo el reloj y son las cinco de la mañana, la misma hora en que cerré los ojos.

La Biblia dice de Dios: "Mil años, para ti, son como el día de ayer, que ya pasó; son como unas cuantas horas de la noche".[36] ¿Me mostró Dios todo esto en un abrir y cerrar de ojos, o fue solo un sueño? El profeta Joel dice que los ancianos tendrán sueños.[37] De cualquier manera, he aprendido mucho, y Dios nos ha dado mucho en que reflexionar.

NOTAS

1. Juan 1:12.

2. Deuteronomio 24:19–22.

3. Deuteronomio 25:5–10.

4. Rut 2:11–12.

5. Rut 4:11–12.

6. 1 Pedro 5:7.

7. Génesis 16:5.

8. Hebreos 11:31.

9. Mateo 1:15.

10. 1 Samuel 2:1.

11. 1 Samuel 2:10.

12. Jueces 17:6.

13. 1 Samuel 3:19–21.

14. 1 Samuel 1:23.

15. 1 Samuel 25:10–11.

16. 1 Samuel 25:18–19.

17. 1 Samuel 25:23–25.

18. Salmos 31:23.

19. 1 Samuel 25:28–31.

20. 1 Samuel 25:31.

21. 1 Samuel 25:39–40.

22. Santiago 1:5.

23. 1 Samuel 25:22.

24. Números 12:6–8.

25. Números 11:28–29.

26. Lucas 1:28

27. Lucas 1:31.

28. Lucas 1:38.

29. Juan 2:5.

30. Lucas 2:19.

31. Juan 11:21–22.

32. Lucas 10:40.

33. Juan 12:8.

34. Filipenses 2:5–8.

35. Juan 4:34–35.

36. Salmos 90:4.

37. Joel 2:28.